마음 홈트로 내 몸이 편해졌습니다

마음 홈트로
내 몸이 편해졌습니다

있는 그대로의 나를 만나는 마음챙김의 시작

안미라 지음

THE NAN
더 난 콘텐츠

지금 그대로 괜찮아요
충분히 잘하고 있어요 ^^

추천의 말

참 바쁘게 살지만 외로운 세상, 나만 힘들게 사는 것 같을 때 맘속 얘기를 귀담아 들어주며 친구가 되어준 책이다. 매일 설렘 가득한 용기를 주는 글귀에 오늘도 펼쳐본다.

_희파 채환('귓전명상' 대표)

누구나 경험했지만 툭 털어 이야기할 수 없는 작가의 진솔한 글을 읽으며 느낀 것은 바로 공감이었다. 나만 힘든 게 아니었구나, 나만 외로웠던 것이 아니었구나. 몸과 마음의 건강을 위한 작가의 노력이 타인에게 다다르는 아름답고 고마운 과정을 볼 수 있어 감사했다. 책을 읽고 실천하며 스스로 행복할 수 있는 선택을 하는 마음의 힘을 키우며 건강한 몸을 만날 수 있는 시간이 되리라 믿는다.

_비하('비하요가' 대표)

누구에게나 결핍은 있고 완벽하지 않다. 숨기지 않고 천천히 꺼내어 다독일 수 있게 도움을 주는 이야기가 담겨져 있다. 내 안에 곪고 있는 것은 없는지 들여다보게 되는 마법 같은 책이다. 지쳐 있는 이에게 노크를 해준다.

_바이안(키토 다이어트 요리 전문가)

이 책을 다 읽고 멋지고 용기있는 미라님의 축복된 삶의 여정에 얼마나 응원하고 박수쳤는지 모른다. 살면서 결핍이나 힘들었던 나의 과거가 나의 영혼이 선택한 축복이고 선물임을 알기까지는 정말 쉽지 않다. 그 과정은 남들 앞에 나의 과거를 고백하고 내려놓을 때 가능하고 어쩌면 살면서 가장 어려운 일 중 하나일 수도 있으니까. 미라님의 변화를 위한 노력에 그저 감사하다고, 잘 살았다고, 수고하고 애썼다고 격하게 포옹하며 말해주고 싶다. 이 책을 읽는 분들이 자신의 아픔과 상처를 고백하고 자신의 한계를 넘어 자유로워진 미라님의 인생사와 통찰을 통해 함께 변화하고 연결될 수 있기를 바란다.

_수심(Soo Shim, 패션 디자이너이자 명상가)

마음 근육을 이완시키는 진실한 이야기로 가득한 필라테스 강사의 세상살이. 잘 살아야만 한다는 강박 관념을 풀어주고 마음이 내쉬는 숨소리를 듣게 해주는 책이다.

_정영헌(뉴욕 시립대 영상학과 교수)

'위드 코로나' 시대, 몸과 마음이 지친 현대인에게 오아시스가 되는 책이다. 몸과 마음이 따로가 아닌, 몸을 통해 마음을 만나고 마음을 통해 몸을 만나게 되는 '기적 같은 책'이 우리에게 찾아왔다.

_김태윤(《부모力》, 《작가는 처음이라》 저자)

자카르타행 비행기 안에서 벌어진 일

　　인천에서 자카르타행 비행을 하던 날이었다. 착륙 두 시간 전, 갤리(주방) 담당 승무원이었던 나는 여느 때처럼 간식 서비스를 준비하고 있었다. 그때 인도양을 비행하는 구간에서 난기류를 만나 기체가 흔들렸다. 평소처럼 '잠깐 흔들리고 말겠지' 하고 대수롭지 않게 여겼으나 몇 번의 작은 흔들림 뒤에 갑자기 쾅! 하고 폭탄 터지는 것 같은 소리가 났다. 한순간에 기체가 심하게 내려앉았다. 비행기가 수직으로 내리꽂히면서 내 몸이 천장으로 떠올랐다.

　　비행기가 추락하는 듯한 느낌이 생생히 전해져왔다. 놀이동산의 청룡열차를 탔을 때처럼 몸은 아래로, 심장은 하늘로 분리되어 날아가는 느낌이었다. 안전벨트도 없이 갤리에서 무방비 상태로 서 있던 나는 우주 공간을 그린 영화 속 무중력 공간에 있는 듯 모든 것들이 슬로우모션처럼 느리게 보였다. 몸이 붕 뜨는 것이 느껴졌다.

내 앞에 서 있던 외국인 동료의 머리가 천장에 부딪혔다. 내가 마시던 핫초코 음료는 물감을 뿌리듯 사방으로 흩어졌다. 나는 본능적으로 음료 카트를 두 손으로 꽉 쥐었다. '이건 무거우니까 안 뜨겠지' 하고 생각했다. 하지만 상대적으로 가벼운 내 다리가 가로로 붕 떠올랐고 왼쪽 몸 전체가 천장에 쾅 하고 내던져졌다.

이윽고 아래로 떨어졌던 비행기가 순식간에 다시 위로 솟으면서 머리를 부딪혔던 동료는 카트 위에 떨어졌고, 나는 다시 바닥으로 내동댕이쳐졌다. 얼떨떨한 상태에서 누워 있다가 정신을 차려 보니 나는 승무원이 앉는 의자에 앉아서 울고 있었고, 비행기 천장은 사람의 머리 모양으로 뚫려 있었다. 기내에 서 있던 한 승객이 수직으로 솟구치며 천장을 뚫어버린 것이다. 승객의 입에서는 피가 줄줄 흘렀다. 떨어지는 순간 입술을 꽉 깨물어 버린 것 같았다.

이 일을 계기로 나는 한 달 남짓 일을 쉬면서 병원 생활을 했다. 왼쪽 다리에 타박상을 제외하고 다른 곳은 모두 정상이었지만 정신적 충격으로 인해 비행을 쉬고 싶었다. 사고로 인해 왼쪽 다리 전체에 시퍼런 멍이 들었고 정기적으로 물리치료를 받았다. 다리에 든 멍은 시간이 지나면서 점점 누렇게 변하다가 이윽고 사라졌다. 하지만 평소 팔다리가 저리던 증상은 그날 이후로 무슨 일인지 점점 심해졌다. 물리치료를 받기 위해 침대에 누워 있으면 마치 정육점에 전시된 고깃덩어리가 된 듯했다. 내 몸을 비추는 빠알간 불빛에 마음이 타들어가는 것 같았다.

받을 수 있는 치료는 다 받고 있는데 어째서 통증이 점점 더 심해지는 걸까. 내 마음은 조급해졌다. 차라리 뼈가 부러지든지 근육이 파열되든지, 눈으로 보이는 통증이었다면 좋았을 텐데. 그러면 최소한 내가 얼마나 아픈지 다른 사람들이 공감이라도 해줄 수 있을 텐데 말이다.

비행기 사고의 기억이 상렬하게 남아 있었기에 신경성신과 상담도 받았다. 그곳에서도 딱히 문제점을 찾지 못했고, 의사 선생님은 신경안정제를 처방했다. 낯선 병원의 분위기 탓인지, 사고의 후유증 탓인지 잠을 이루지 못하는 날이 많았기 때문이다. 사고 이후 내 마음이 불안한 이유는 한 가지 더 있었다. 함께 사고를 당한 다른 동료들은 다시 일을 시작했기 때문이다. 그런 상황에서 유독 나만 유난을 떠는 것처럼 느껴졌다.

내 몸의 통증이 더해질수록 내 마음의 아픔도 선명해졌다. 아무 일 없는 일상에 비행기 사고라는 것이 찾아오자 평소 눌러 담고 있던 몸과 마음의 소리들이 터져나왔다. 마치 화산이 분출하는 것 같았다. '나 아파, 여기도! 저기도! 거기도!' 하고 아우성이었다. 그것들을 하나하나 들춰보니 지난날의 괴로움과 마주하게 되었다.

오랫동안 나는 통증 대백과를 쓸 수 있을 정도로 다양하게 아팠다. 만성 허리 및 목 통증, 어깨를 올렸다 내리는 틱 장애, 위염과 과민성 대장 증후군에 시달렸다. 등산만 하면 무릎 통증이 찾아왔고 현실에서 벗어나고자 여행과 와인에 중독되었고, 이유 모를 답답함으로 한숨이 잦았고, 남자와 이별하면서 자책의 나락으로 떨어졌고, 친구와 비교하면서 경쟁심에 불탔고, 무언가를 더 가지려는 욕심으로 집착했다. 그야말로 종합병원이었다.

비행기 사고는 그동안 아팠던 몸과 마음을 바라보는 계기가 되었다. 그러다가 재활운동인 필라테스를 만났다. 재활 필라테스를 접하고 나는 진정 몸을 위한 운동이 무엇인지 깨달았다. 몸을 건강하게 운동시키는 것에 매력을 느끼고 운동 강사로 이직했다. 회원분들을 만나면서 몸의 통증은 마음의 아픔과 연결되어 있다는 것도 알게 되었다.

회원분들의 마음을 편안하게 해주려고 배운 명상이 어쩌다 보니 나의 마음까지 치유하게 되었다. 내 마음을 들여다보니 다른 누구보다 아픈 사람 하나가 거기 있었다. 나는 지난 8년간 내 몸과 마음을 치유하는 과정에서 느낀 점들을 이 책에 담았다.

내가 힘들었던 이유는 아픔을 당연하게 여겼기 때문이다.

다들 이 정도는 아프니까, 나도 별 수 없이 이렇게 살아가는 것이라 생각했다. 나를 돌볼 시간을 찾지 못했고 그런 만큼 나의 아픔에 집중하지 못했다. 사람마다 각기 다른 색깔의 통증과 아픔이 있다. 수많은 괴로움을 대하면서 내가 찾은 정답은 한 가지였다. 내 몸과 마음을 아프게 한 것은 '아프다'고 소리를 내는 나를 돌보지 못한 나 자신이었다. 그리고 그런 나를 일으킬 수 있는 것도 나 자신이었다.

고통을 당연하게 여기지 말고 지금보다 더 편안해질 수 있다는 마음을 먹어야 한다. 몸과 마음이 내는 소리를 들어야 내 삶을 내가 만들어갈 수 있다. 이 책을 손에 들게 된 독자 여러분이 '어? 나도 아픈데'라는 생각을 했다면 그것은 몸과 마음의 소리를 듣기 시작했다는 신호다. 절반은 성공했다. 당신이 이 세상에서 가장 훌륭한 몸과 마음의 치유사이자 의사라는 것을 이 책을 통해 깨닫기를 희망한다.

차례

Part 1

아무렇지 않다는 거짓말
몸과 마음의 연결고리 찾기

Part 2

삼킨 마음은 어떻게 병이 되는가
몸이 어긋나는 마음의 10가지 신호

Part 3

마음 근육을 움직이는 비밀
이불 속에서부터 시작하는 마음 홈트레이닝

아무렇지 않다는 거짓말
몸과 마음의 연결고리 찾기

천국에는 와인
중독자가 산다

과거, 나의 삶은 그야말로 1년 365일 동안 매일 생리를 하는 기분이었다. 생리 시작 2주 전부터 동물원 원숭이가 약을 먹고 미친 것처럼 감정이 날뛴다. 우에엑 꺄갹. 하루에도 수십 번 감정이 오르락내리락하면서 내 주위의 모든 것들이 싫어진다. 매일 만나는 사람뿐 아니라 행인들, 길가에 서 있는 전봇대조차 싫어진다.

그러다 생리 1일 차가 되면 아무 일도 없었던 듯 갑자기 온화해진다. 봉사단체 포스터에서 본 듯한 여배우 김혜자 선생님의 인자한 미소가 지어진다. 마음속은 오염된 똥물도 받아주는 넓은 바다가 된다. 그러다 생리 2일 차가 되면 난데없이 자궁 안에 공룡이 나타나 마구 돌아다니는 것처럼, 허리가 뒤틀리고 골반이 빠질 것 같은 고통이 밀려온다.

낮의 시간과 밤의 시간

서른 살, 승무원으로 근무한 지 4년 차였다. 외국계 항공사에서 일하던 나는 인도네시아 자카르타에 살고 있었다. 해외 생활은 모든 것이 만족스러웠다. 결혼하라는 엄마의 잔소리도, 만나자마자 나이가 몇이냐고 묻는 무례함도 없는 곳이었다. 천국과도 같았다. 동남아에 가본 한국 사람들은 공감할 테지만, 그들은 특히 하얀 얼굴을 좋아한다. 어쩌다 외출을 하면 '오랑찬틱!(예쁜 사람)'이라는 소리를 들으며 우월감을 느끼기도 했다.

물질적으로는 인생 최고의 황금기라고 할 정도로 여유로웠다. 한국에 비해 상대적으로 물가가 저렴했기에 청소부와 운전기사를 쓸 수 있었다. 혼자 살면서 내 손으로 화장실 청소 한 번을 안 해도 집은 늘 깔끔했고, 옷도 칼 같은 각도로 접혀 있었다. 일반 회사원 월급에 버금가는 월세를 내는 그곳은 도심 한가운데 위치한 고급 아파트였다. 5성급 호텔 같은 번쩍번쩍한 샹들리에가 달린 로비가 있고 헬스장, 수영장, 사우나가 있었다. 7층에는 공원과 조깅 트랙도 있었다. 쉬는 날이면 아파트 안에 있는 마사지샵에서 마사지를 받고 손톱과 발톱 관리를 받았다. 혹은 몇 분 거리에 있는 대형 쇼핑몰에 가서 쇼핑을 즐겼다. 걸어다닐 일이 많지 않아서 굽이 10센티미터가 넘는 하이힐을 신고 화려하게 치장을 하고 다녔다. 부잣집에서 줄곧 곱게 자라온 사람처럼,

부족함 없이 살았다. 최소한 겉으로 보이는 모습은 그랬다.

하지만 내 속은 그 어느 때보다 가장 어두웠다. 언제부터인지 모르지만 와인에 중독되었다. 자카르타는 소주 한 병에 만 원이 넘어 비싼 편이었기에, 상대적으로 저렴한 와인의 맛을 알아버렸다. 저녁 식사 때 음식과 곁들여 한두 잔씩 마시던 와인은 아무도 없는 적적함을 달래주었다. 소주만 마시다 와인을 홀짝이면 마치 TV에 나오는 화려한 여배우가 된 것 같은 분위기에 흠뻑 취하기도 했다.

쉬는 날마다 와인을 마시다 보니 점점 취하는 일에 익숙해졌다. 멀쩡한 상태가 오히려 어색한 날들이었다. 술에 취해 해롱대다 보면 일순간 우울과 절망 속에 빠져들었다. 조와 울을 넘나들며, 감정 기복이 급물살을 탔다. 마냥 우울하기만 하면 심각성을 알게 되는데 한없이 붕 뜨는 날이 교차로 반복되자 점차 나의 상태가 정상인지 아닌지를 인지하기가 어려웠고, 그럴 때면 또다시 와인에 빠져들었다. 친구들과 웃고 떠들던 낮이 지나면 와인과 함께하는 밤의 시간이 찾아왔다.

57층 아파트 난간을 부여잡고

쉬는 날 저녁이 되면 맛있는 음식을 차려 어김없이 술을 마신다. 처음에는 반병만 마셔야지 했던 와인은 어느새 동이 난다.

몽롱한 상태에서 부풀어오른 마음은 취한 뒤 얼마 못 가 한순간에 우울해진다. 내가 위치한 57층 아파트 난간을 붙잡고 있으면 금세 눈앞에 보이는 도시의 화려함에 압도되곤 했다.

황금색 불빛과 초고층 빌딩이 어우러진 화려한 야경을 목도하고 있으면 나만 홀로 고통스러운 것 같았다. 고개를 떨구니 수영장이 내려다보였다. 눈물이 줄줄 흘러내리기 시작했다. 눈물로 수영장을 가득 메울 것처럼 울어댔다. 이 밤, 홀로 집에 있다는 사실이 너무도 외로웠다. 누가 봐도 멋진 삶을 살고 있는데 가슴은 답답해서 미쳐버릴 것만 같았다. 저 수영장으로 떨어지면 편안하게 죽을 수 있지 않을까? 눈앞에 펼쳐진 야경처럼 화려한 삶을 살고 있는데 속은 왜 이렇게 텅 비어버린 걸까? 원인을 알 수 없는 공허함과 답답함이 몰려왔다.

그때쯤이면 내 몸은 어느새 빨래처럼 축 처진 채로 난간에 기대어 있다. 바람 빠진 주유소 풍선처럼 양 팔을 축 늘어뜨린 채 다리는 위태롭게 발코니에 걸쳐져 있었다. 잘못 미끄러지면 바로 떨어질 것 같았다. 아니, 떨어지고 싶었다. 모든 것을 놓고 싶었다. 그렇게 펑펑 울다 보면 온몸이 부르르 떨릴 정도의 주체할 수 없는 경련이 일어났다. 겨우 정신을 붙들고 침대로 들어가 웅크려 잠이 들었다. 다음 날이면 또 아무렇지 않게 하루를 시작하곤 했다.

나는 왜 그렇게 죽고 싶었을까? 내 속의 공허함은 도대체 언제부터 싹을 틔운 것일까. 그러고 보면 아주 오래전부터였다. 14살이 되던 바로 그날이었을 것이다.

친구의 브래지어를
훔치다

파릇한 봄 기운이 만연한 어느 날이었다. 이제 막 중학교
에 입학한 나는 3년 내내 입을 예정으로 맞춘, 다소 큰 교복 치마
와 블라우스를 입고 수업을 받고 있었다. 다들 중학생이 되었다
는 설렘으로 가득하던 수업 시간 도중에 별안간 앞문을 여는 소
리가 쾅 하고 들려왔다. 반 아이들의 시선이 온통 문으로 쏠렸다.
아빠였다. 선생님은 문밖에서 아빠와 잠시 얘기를 나눈 뒤, 나에
게 책상과 사물함에 있는 물건을 모두 챙기라고 했다. 갑작스레
큰 트럭을 타고 나타난 아빠는 그렇게 나를 서울 영등포에서 전
라도에 있는 깡 시골로 전학시켰다.

논과 밭으로 둘러싸인 그곳은 내가 방학이면 놀러 가곤 했
던 할머니 댁이었다. 전학을 했던 그날, 부모님은 이혼을 했고,
나는 친구들과 인사 한마디 못한 채 혼자 시골에 남게 되었다. 시
골 아이들은 서울에서 온 눈이 크고 피부가 하얀 나를 그저 신기

해했다. 쉬는 시간이면 나를 보러 몰려온 아이들에게 나는 서울 생활을 이야기해주었다. 아이돌 가수에 빠져 방송국에 놀러 간 이야기, 손범수가 진행하던 가요 TOP10 방청객에서 H.O.T를 껴안고 도망친 이야기 등을 늘어놓았다.

고작 하나뿐인 반에서, 그마저도 20명이 될까 말까 한 작은 학교에서 연예인들의 사진과 직접 받은 사인을 보여주며 서울 생활을 말하는 나는 거의 연예인과도 같은 존재였다. 서울말을 쓰고, 방송국에 가본 적이 있는, 치마를 입은 데다가 오로지 나만 휴대폰을 가지고 있던 그 시절, 친구들이 나를 서울에서 내려온 공주처럼 여기는 것은 당연한 듯 보였다.

서울에서 온 공주님의 비밀

하지만 학교가 아닌 집으로 돌아오면 나의 생활은 공주님과는 거리가 멀었다. 모서리가 모두 낡아 부스러지고 다리 하나가 휘청거리는 밥상 위에는 배춧국에 김치가 전부였다. 같이 사는 할머니는 논과 밭일에 더 신경을 쓰셨지 서울에서 내려온 손녀인 나를 특별히 애정하진 않으셨다. 오히려 일 년에 두세 번 내려오는 나와 나이가 같은 장손을 더 챙겨주었다. 같은 나이인데도 불구하고 남자라는 이유로 그 아이를 더 많이 챙겨주시곤 했다.

키가 큰 할머니는 작은 내가 보지 못하는 찬장 맨 위에 놓인

밥그릇에 장손을 위한 것들을 챙겨두곤 했다. 누룽지 사탕과 캐러멜, 꼬깃꼬깃 접힌 천 원짜리 몇 장은 오로지 명절 때 찾아오는 장손의 몫이었다. 차라리 내가 보지 못하게 몰래 챙겨주었더라면 좋았을 것이다. 나는 상대적인 박탈감을 가질 수밖에 없었고 할머니에 대한 원망이 쌓여갔다. 한번은 TV에 나오는 햄버거를 보고 '맛있겠다!'라고 했더니 할머니는 뭣이 그렇게 먹고 싶은 것이 많으냐고 윽박을 지르셨다. 소풍 가는 날 김밥 한번 싸주지 않는 할머니가 밉기만 했다. 하지만 농사일에 힘들어하는 할머니의 눈치를 보고 있으면 엄마도 아빠도 없이 내려온 내가 괜히 짐이 되는 것 같아 섭섭하다는 투정을 부릴 수도 없었다. 가슴에 멍이 드는 것 같았다.

시골에 있는 동안 많은 것들이 소중하게 다가왔다. 아침에 학교 가라고 깨워주는 엄마, 집 앞에 있던 햄버거 가게가 이렇게 그리운 거구나 싶었다. 그중 가장 서러웠던 건 성장기가 시작되고 브래지어가 필요했는데 누구에게도 말하지 못했을 때였다.

낡은 브래지어를 주머니 속으로 넣던 날

사실 키가 작고 성장이 느린 편이었기에 브래지어가 절실히 필요한 때는 아니었다. 하지만 당시 한창 장난기가 많을 나이인 14살 남자아이들 사이에서는 여자아이의 등을 긁는 장난이 유행하고 있었다. 조용한 수업 시간에 펜으로 여자아이의 등을 세로로 긁었을 때, 브래지어가 탁 걸리는 느낌이 오면 킥킥대고 즐거워하곤 했다. 여자아이는 화를 내면서 동시에 부끄러워했는데, 그것으로 여자아이가 브래지어를 했는지 안 했는지 알아차리며 놀리곤 했다.

아무래도 시골이다 보니 같은 초등학교에서 그대로 같은 중학교에 가는 일이 많았고, 서로가 사촌지간처럼 가까웠기에 생기는 일들이었다. 나는 선을 넘는 장난인지 여부와 관계없이 어서 브래지어를 사야겠다는 마음뿐이었다. 하지만 지금처럼 인터넷 쇼핑을 할 수 있었던 때도 아니고, 그 작은 시골 읍내에 하나뿐인 속옷가게에는 가고 싶지도 않았다. 밖에서 슬쩍 본 속옷가게는 디자인도 촌스러웠지만 행여라도 들어갔다가 소문이라도 날까봐 두려웠다. 그렇다고 밭일에 바쁜 할머니에게 부탁을 하기도 싫었다. 할머니의 구멍 난 팬티와 비슷한 속옷을 사다 줄 것이 분명했다.

그러던 어느 날, 동갑이었던 윗집 친구네 집에 가게 되었는데, 화장실에 들어갔다가 우연히 빨래 바구니 안에 벗어놓은 브래지어를 보았다. 원래는 하얀색이었을 것 같은 누런 레이스가 달린 브래지어였다. 나는 순간 그것을 집어서 바지 주머니에 구겨 넣었다. 행여나 끈이 삐져나올까 봐 꾸깃꾸깃 집어넣었다. 그런 뒤에 친구에게 할머니가 부른다는 핑계를 대고 급히 집으로 돌아왔다.

정신없이 가져온 그것을 주머니에서 꺼내 보니 다행히 친구 엄마의 것은 아니고 친구의 브래지어였다. 나보다 덩치가 큰 친구였기에, 내게는 넉넉한 사이즈였다. 길이 조절이 가능한 어깨 끈이 있어 얼마나 다행인지 몰랐다. 나는 냄새 나는 빨래 바구니에서 훔쳐 온 브래지어를 3년 내내 입었다. 덕분에 남자아이들 앞에서 당당할 수 있었고 아직 성장기가 오지 않은 것을 들킬까 봐 염려하지 않아도 되었다.

나의 사춘기는 그렇게 흘러갔다. 학교에서는 서울에서 내려온 공주 같은 아이였지만, 집에서는 브래지어를 훔쳐 입어야 하는 아이인 채로.

무대를 내려온 광대의
마음은 어떨까

그때부터였을 것이다. 친구들 앞에서는 공주 놀이를 하고 있었지만 나는 온통 혼자인 것 같았고 그 누구도 나를 사랑해주지 않는 것 같았다. 할머니와 살던 집에서부터 학교까지 가는 길에는 나산강이라는 큰 강이 흘렀다. 학원 하나 없던 시골의 작은 학교에서는 야간 자율학습을 했는데, 어두운 밤에 강을 지나 집으로 돌아올 때마다 우울한 생각들이 마구 치고 올라왔다. 가만히 강물을 보고 있으면 훌쩍 뛰어들고 싶었다. 까맣고 넓은 강물이 내 마음을 감싸 안아줄 것 같았다. 고통 없이 깨끗하게 사라질 수 있을 것 같았다.

매일 저녁, 고기 반찬 하나 없는 밥을 먹고 설거지를 하고 있으면 마치 소녀 가장이라도 된 듯 삶이 무거워졌다. 그러다 보면 크고 무식하게 생긴 식칼이 눈에 들어왔다. '이걸로 손목을 그으면 죽는다던데, 하지만 피를 흘리고 누워 있으면 할머니가 놀라

시겠지' 하고 단념하곤 했다. 외롭다고 말하고 싶었다. 아무나 붙
잡고 내 처지에 대해 얘기하고 싶었지만 유일하게 곁에 있는 할
머니는 불쌍하기만 했다. 혼자 새벽같이 나가 밭일을 하는 통에
옷은 언제나 구멍이 숭숭 뚫린 내복과 몸빼 바지뿐이었다. 추운
날 돈을 아끼기 위해 보일러도 제대로 틀지 못했다. 가끔 서울에
서 내려온 아빠는 화를 내며 나를 다그치다가 돌아가곤 했다.

당시 내 마음을 털어놓을 수 있는 존재는 학교 친구들뿐이
었지만, 그들에게 나는 서울에서 내려온 당당하고 멋진 공주 같
은 존재였다. 친구들의 힘든 점을 들어주는 역할이었지 나의 아
픔을 말할 수는 없었다. 그래서 나는 고등학교를 졸업하기 전까
지 6년 내내 부모님의 이혼 사실을 친구들에게 숨기고 지낼 수밖
에 없었다.

힘내, 그런데 사실 나는 힘이 안 나

그 후 서른 살이 되도록 내면에는 차마 말하지 못한 슬픔이
빽빽이 들어찼다. 나조차도 내가 어떤 사람인지 생각하는 것을
포기했다.

'누구나 다 이렇게 사는 거 아닐까?'

친구와 수다를 떨고 집으로 돌아오는 길이면 또다시 혼자가
되는 내가 싫었다. 밝고 시끄러운 버스에서 내려 어두운 밤길 위

에 서 있으면 갑작스러운 적막함에 어김없이 '왜 살지?' 하는 의문이 들었다. 그러다 누군가에게 전화라도 오면 기뻤다. 친구들에게만큼은 만화 속 주인공 캔디처럼 외로워도 슬퍼도 웃었다. 세상 친절하게 전화를 받았다. 친구들은 내게 고민을 자주 털어놓았고 항상 이렇게 말했다.

"힘들 때 네 목소리를 들으면 기분이 나아져. 힘이 나. 고마워!"

마치 훈장과도 같은 말들이었다.

"그래, 나 그런 사람이야. 나한테 말해. 다 들어줄게."

하지만 그 훈장은 주홍글씨가 되어 내 마음을 더욱 무너지게 할 뿐이었다. 공주처럼 웃으며 지내던 낮과 나산강을 바라보며 죽음을 생각했던 밤의 차이 속에서 나는 마치 떼어낼 수 없는 가면을 쓴 것 같았다. 시골로 전학을 간 14살의 그날, 3월인데도 얼음장같이 싸늘한 기운이 가득한 작은 방은 장작 냄새가 쾨쾨하게 벽에 배어 있었고, 아빠는 차가운 바닥에 나를 앉혀놓고 말했다.

"이제부터 인생은 너 혼자야. 앞으로 뭘 하든 네가 결정하고 너의 힘으로 해내야 해."

커다란 눈을 부릅뜨고 말하는 아빠 앞에서 나는 아무 말도 하지 못했다. 14살의 봄, 그렇게 나는 혼자가 되었다. 그 사실을 감추기 위해 밝은 척을 했고, 안으로는 곪아갈지라도 밖으로는 누구에게나 사랑받는 아이가 되고 싶었다. 광대처럼 사람들에게 웃음을 안겨주면 그때만큼은 사랑받는다고 착각했다. 그날 아빠가 '우리는 비록 떨어져 있지만 넌 혼자가 아니야'라고 말해주었다면 조금은 달라질 수 있었을까. 아니면 아빠의 단호한 말들 덕분에 내가 가면이라도 쓰고 잘 지내는 척 살 수 있었을까. 그 시절 14살의 나에게 가서 말해주고 싶다.

"넌 혼자가 아니야. 네가 이 세상에 태어난 건 축복이었어. 가끔 힘든 일이 오더라도 금방 지나갈 거야. 힘들 때는 언제든 기대도 돼. 넌 지금 그대로 충분히 괜찮아. 괜찮아질 거야."

아무도 죽고 싶다는 말을
믿어주지 않을 때

"저도 선생님처럼 편안해지고 싶어요."

최근에 이런 말을 많이 듣는다. 2020년, 코로나19로 인해 프리랜서인 나는 한순간에 백수가 되었다. 여럿이 모이는 일이 어려워지면서 운동센터는 문을 닫았다. 한순간에 수입이 끊어졌다. 여태껏 잠을 줄이고 새벽이 되도록 커리어를 위해 준비해온 일들이 모두 한순간에 물거품이 되어버렸다. 하지만 좌절하지 않았다. 명상과 운동 덕분에 모든 것이 멈춘 재난영화와도 같은 상황이었던 2020년 겨울, 나는 오히려 내 삶을 돌아보는 여유를 만끽했다. 그런 나를 어떤 이들은 신기해했고 어떤 이들은 부러워했다. 불과 몇 년 전까지만 해도 미친 원숭이처럼 날뛰던 감정이 어떻게 이토록 차분하게 가라앉았을까?

57층 아파트에서 몇 번이고 뛰어내리려던 많은 밤 중에서 마지막 날이었다. 그날도 어김없이 술에 취해 난간을 부여잡고 있었다. 나는 친언니처럼 막역한 사이였던 사촌 언니에게 카톡 메시지를 보냈다.

"언니, 나 너무 외로워. 죽을래."

이윽고 언니에게서 답장이 왔다.

"적당히 좀 해. 너 관종이냐?"

아니, 사촌 동생이 죽겠다는데 관종이라니…. 이 말을 듣는 순간 머릿속이 새하얘지고 심장이 멈추는 듯했다. 언니는 나를 무시한다거나 가르침을 주려고 계산을 해서 한 말이 아니었다. 약간의 지겨움과 짜증 섞인 말투 속에는 진심 어린 충고가 담겨 있었다. 그동안 '관종'처럼 행동했던 날들이 스쳐 지나갔다. 내 목소리는 언제나 컸고, 과하게 웃었으며, 행동과 말이 오버스러 웠다. 어디에서나 주인공이 되고 싶었다.

화려하고도 처절한 관종의 삶

승무원으로 합격하고 교육을 받기 위해 자카르타에서 6개월 동안 머물던 때가 있었다. 낯선 타지에서 함께 교육을 받다 보니 한국인 동기 22명 사이에 끈끈한 전우애가 생겼다. 영어권이 아니라 말이 잘 통하지 않고 문화가 달라 이래저래 부딪히다 보니 똘똘 뭉치게 된 것이다.

특히 교육을 받는 6개월 내내 버스에서 보내던 시간이 가장 힘들었다. 우리가 지내던 호텔에서 교육센터까지 거리가 멀진 않았지만 세계적으로 악명이 높은 교통체증 때문에 이동시간만 꼬박 하루에 세 시간은 걸렸다. 새벽부터 일어나 하루 종일 센터에서 교육을 받다 보면 좀비처럼 온몸이 망가지는 것 같았다.

이런 상황에서 연이은 공부와 시험으로 지친 동기들을 위해 나는 버스 안에서 주로 광대를 자처했다. 박쥐, 목도리도마뱀 등 우스꽝스러운 동물 흉내로 스피드 퀴즈를 내면서 동기들을 웃기곤 했다. 인도네시안, 중국인, 일본인, 한국인이 다 모인 운동장에서 댄스 대결을 하며 철장을 붙잡고 클럽 댄스를 춘 적도 있었다. 부끄러움이라고는 없는, 웃기기 위해 태어난 사람처럼 살았다.

내게는 주목을 받기 위해 항상 말을 부풀려서 하는 버릇도 있었다. 예를 들어 '나 그거 알지, 그거 해봤지!' 같은 말투는 당연히 내 것이었고, 한 번 가본 곳도 여러 번 가본 척, 또는 조금 알아도 많이 아는 척, 척척척. 그렇게 남들과 공통된 관심사로 친밀감을 높이고 어디에서나 주인공이 되고 싶은 관종이었다.

그러다 혼자가 되면 고독과 외로움에 치를 떨었다. 가깝다고 생각되는 사람들에게는 외롭다는 말을 밥 먹듯이 했고, 술에 취하면 죽고 싶다는 말도 서슴없이 했다. 아마도 외롭다는 말보다 조금 더 센 듯한 '죽고 싶다'는 말로 더 관심을 받고 싶었던 모양이다. 그러니 그날 밤, 나에게 관종이냐고 독침을 날리던 사촌 언니 입장이 이해가 되었다. 언니에게는 내 입에서 나온 '죽고 싶다'는 말이 더 이상 새로운 말도 아니었고 그저 관심을 받기 위해 발악을 하는 것처럼 보였을 것이다.

그렇다. 나는 죽고 싶다는 말에 관종 소리를 들을 만큼 형편 없이 살았다. 내가 의지했던 사람마저 나를 외면한다고 생각하니 가까스로 잡고 있던 위태로운 밧줄 하나가 끊어지고야 말았다. 나는 바닥에 쿵 떨어졌고 정신이 번쩍 들었다. 언니의 말 한 마디에 술도 깨고 정신도 깼다.

가면이 벗겨지는 순간

나는 스스로에게 질문을 했다.

'나는 왜 관종처럼 보일까? 그렇게 행동하는 이유는 뭘까?'

지금껏 내 마음을 들여다볼 생각은 못하고 친한 사람들에게 의존만 하면서 살아왔다. 사람들이 나를 어떻게 생각하고 어떻게 해야 날 좋아할지, 끊임없이 바깥만 보고 살았다. 그러다 진정 힘들 때 내 손을 잡아줄 사람은 아무도 없다는 걸 알게 되었다. 찬물 한 사발을 얼굴에 끼얹은 것 같았다. 그동안 밝은 척, 아는 척, 누군가를 위로하는 척, 사람들을 좋아하고 잘 어울리는 척했다. 몸이 아파도 미련하게 약속 장소에 나가 사람들과 보내는 시간을 중요시했다. 그렇지 않으면 그들에게서 뚝 떨어져나와 멀어질 것 같은 불안과 두려움이 있었다. 부모로부터 떨어져 살게 된 14살부터 쭉 외로웠고 사랑을 갈구해왔다는 사실을 알게 되었다. 나는 마침내 결심했다.

'이제 그만 가면을 벗자.'

바닥이 보이지 않을 때가
바닥이다

　　오래전에 본 〈트루먼쇼〉는 여러모로 참 인상 깊은 영화였다. 세상 모든 사람들이 주인공 짐 캐리를 24시간 동안 곳곳에 설치된 CCTV로 지켜보면서 주인공의 일생을 함께한다는 내용이다. 그런데 정작 짐 캐리는 사람들이 자신을 지켜본다는 것을 알지 못한다.

　　가면을 벗기로 작정한 나는 짐 캐리와 비슷한 상황 속에 놓여 있다고 생각했다. 매 순간 나의 모습을 모두가 지켜본다고 상상했다. 다만 나는 그것을 알고 있다는 것이 다를 뿐. 화장실에서조차 나는 사람들이 나를 지켜본다고 생각했다. 그러니 가면을 벗는 시간 같은 것이 들어설 이유도 없어진다.

　　그런 생각을 하니 매순간 떳떳한 사람이 될 수밖에 없었다. 공중화장실에서 휴지 하나도 아무렇게나 버릴 수 없었다. 타인의 시선에 맞춘 가면을 벗고 스스로에게 떳떳하고 부끄럽지 않은 삶을 살아보기로 했다. 그 결과 '양심'이라는 마음이 발달하기 시작했다. 과거의 나는 어쩌다 휴지를 떨어뜨려도 '누가 알겠어' 하는 마음이 있었다. 그렇다. 아무도 모르지만 최소한 나는 안다.

과거의 나는 무조건 남의 탓으로 돌리거나 핑계를 찾는 버릇이 있었다. 다른 사람들이 나를 어떻게 생각할지 신경 쓰느라 항상 변명거리를 준비해놓고 있었다. 하지만 동시에 스스로를 속이고 있었다. 남들 눈에만 잘 보이면 됐지, 내가 힘들거나 아픈 것은 신경을 쓰지 못했다.

이제 텅 빈 마음을 무엇으로 채워야 하나

서른 살의 나는 누구보다 풍요롭게 살았고 일 년에 열 번도 넘게 해외여행을 다녔다. 잘나가는 연예인이나 재벌들이 거주하는 값비싼 아파트에서 혼자 살면서 하고 싶은 모든 것을 하고 살았다. 보여지는 모습은 만수르 못지 않았지만 마음은 텅 비어 있었다.

궁궐 같은 집에 사는 재벌가의 자녀가 TV에 나와 우는 모습을 봤다. 20세가 되자마자 외제차를 끌면서 온갖 명품을 휘감고 다니며 사람들의 부러움을 한몸에 샀던 그녀가 눈물을 보인 이유는 외로움 때문이었다. 학창시절, 부모님 두 분이 다 바쁘다는 이유로 자신의 졸업식에 오지 않은 것이 너무나 슬프다는 것이다. 그 외에도 정신적 상처가 컸던 그녀는 10년이 넘도록 우울증 약을 복용하고 있다고 했다.

누구나 자신의 상처가 가장 깊고 아프다고 생각한다. 나 역시 그랬고, 그런 나를 봐주기를 바라는 마음만으로 서른이 넘도록 관심과 사랑을 구걸했다. 나는 사람들의 시선으로 위안을 얻는 대신 내가 나를 봐주기로 했다. 자살이라도 하고 싶었던 수없이 많은 밤 중 마지막 날, 나는 망치로 머리를 맞은 듯 정신을 차렸다. 세상에서 제일 불쌍하고 외롭다고 생각했던 나는 죽을 용기도 없는 겁쟁이였다. 하지만 계속 그렇게 살 수는 없었다. 다른 길을 찾아야 했다.

바뀌지 않는 것을
바꾸는 법

나 자신에게 솔직한 삶을 살자고 마음을 먹은 뒤에도 여러 시행착오가 있었다. 과거의 습관은 쉽게 바뀌지 않았다. 일상생활에서 자꾸만 다시 익숙한 가면을 쓰려는 나를 만났다. 사람들이 열광하는 물건을 가지고 싶고, 친해지고 싶어서 내가 좋아하지도 않는 행동을 하고, 관심을 끌기 위해 말을 부풀리거나 거짓말을 하려고 했다. 그럴 때마다 '정말 바뀔 수 있을까' 하고 의구심이 들었다. 확신을 점점 잃어갔다. 그러다가 나는 '수행'을 만나게 되었다.

수행이라니, 말이 너무 거창해 보인다. 마치 오래된 영화 〈은행나무 침대〉에서 황장군 역할을 맡은 배우 신현준이 생각난다. 온몸으로 눈을 맞으며 한 여자를 위해 천년이고 만년이고 기다리겠다는 비장한 마음을 담은 영화처럼 수행을 위해서라면 왠지 밥도 굶고 추위도 참고 졸음도 참아야 할 것 같다. 종교인들은 실제로 이런 과정을 통해 깨달음을 얻기도 한다.

하지만 나는 속세에서 살아가는 지극히 평범한 일반인이다. 스트레스를 유발하는 환경 속에서 스트레스를 받고 있는 이들과 매일 마주친다. 세상에는 좋은 사람들도 많지만 이유 없이 길고 양이나 비둘기에게 화를 내는 사람, 칼치기로 내 차를 위협하는 사람, 묻지마 폭행을 저지르는 사람들까지 포함된 세상에서 살고 있다. 이런 무시무시한 세상에서 살아가는 법, 마음을 쓰는 법을 배우는 것이 바로 수행이라고 말하고 싶다.

타고난 몸에 깃든 마음은 세포에 새겨진다

내 얼굴은 아빠를 닮았다. 시원한 이목구비 중 특히 큰 눈이 매우 닮았다. 성격은 엄마를 닮았다. 사람들이 하는 말은 무조건 믿는 순수함과 시장에서 물건값 깎아달라는 말을 두 번은 고민해야 말할 수 있는 소심함이 있다. 손톱은 외할머니를 닮아 뭉툭하다. 노트 정리를 하고 있으면 남자애들이 와서 어떻게 그 손톱으로 글씨를 쓰냐면서 놀렸고 심지어는 너 손톱 잘린 거 아니냐는 소리를 듣고 운 적도 여러 번 있었다. 엄마나 아빠와는 달리 나만 손톱이 못생겨서 한동안 외할머니를 원망했었다.

이렇듯 내 몸과 마음은 부모와 조상으로부터 대대로 내려온 것이다. 모든 이들이 그러하다. 살아가면서 사회성이 발달하고 성형수술로 다른 사람인 듯 바뀌어 보일 수는 있지만 뿌리는 여전히 나 자신이다.

　소심한 사람에게 당장 내일 수천 명이 있는 공연장에서 사회를 보라고 하면 어떻게 될까. 긴장해서 무대에서 소변을 볼지도 모른다. 적어도 무대에 오르기까지 큰 노력과 긴 시간이 필요할 것이다. 국민 MC인 유재석 씨는 카메라공포증이 있다고 한다. 그래서 신인 시절에 말을 더듬고 버벅대는 영상이 올라와 인기를 끌기도 했다. 지금의 노련한 모습은 부단한 노력의 결과이다. 사람들을 대하는 진심이 있었기에 가능했을 것이고, 진행자가 꼭 되어야겠다는 결심과 '동기들은 잘 나가는 데 왜 나만 이럴까' 하는 좌절감이 있었던 무명시절의 서러움이 원동력이 되었을 것이다.

　그 누구도 자신의 타고난 성격은 바꾸기 힘들다. 그래서 생각하는 것을 바꾸어야 한다. 우리의 뇌에는 신경가소성이란 게 있다. 가소성은 쉽게 말하자면 플라스틱 같은 고체가 열이라는 외부의 힘을 받으면 휘어지게 된다. 휘어진 형태로 놔두면 그 플라스틱은 원래대로 돌아가지 않고 그대로 굳어버린다. 이것이 바로 가소성이다. 이렇듯 뇌에는 신경가소성이 있다. 뇌의 신경세포는 효율적으로 움직이고 변화한다. 신경세포는 각기 서로 연결되어 있는 신경회로와 외부의 자극이나 경험에 따라 다른 형태로 변화되고 재조직된다. 그래서 우리의 몸과 마음을 편하게 하려면 성격을 고치려는 욕심은 버리고 생각하는 것을 바꾸어야 한다.

우리의 몸인 뼈에도 가소성이 있다. 멀쩡했던 척추가 어느 날 병원에서 척추옆굽음증(척추측만증)으로 진단받는 이유가 이것이다. 뼈도 휜다. 내가 앉고, 걷고, 자는 습관에 따라 바뀐다. 이렇듯 몸과 마음에는 가소성이 존재한다. 내가 생각하는 것에 따라 뇌가 변화하고 움직이는 습관에 따라 몸이 바뀐다.

몸과 마음의 가소성을 통해서 나는 앞으로 어떻게 수행해야 하는지 내 삶의 가이드라인을 잡았다. 내가 하는 생각 하나하나가 세포에 새겨지고 몸과 마음을 변화하게 만든다. 좋은 생각을 계속 해야 내가 과거에 가지고 있던 부정적인 생각의 뿌리가 긍정적으로 바뀔 수 있다. 외롭다는 생각을 하면 나는 외로워질 것이고, 행복하다는 생각을 하면 행복해질 것이다.

천 일이라는 시간, 천 개의 마음

천 일 동안 나는 제대로 생각하는 법을 찾기 위해 수행을 했다. 수행을 하는 동안 참 많이 흔들리기도 했다. 어떻게 하면 화를 멈추고, 어떻게 하면 망가지고 싶은 마음을 거두어야 하는지 헷갈렸다. 예전의 습관이 튀어나오기도 했다. 서른 살의 나는 감정에 지배된 채로 오로지 괴롭기만 했기 때문에 죽음을 쉽게 생각했다. 나는 관성에 휘둘리는 나를 가만히 바라보았다.

'네가 그랬구나, 네가 지금 이렇게 하고 싶구나. 그러고 싶어서 마음이 요동을 치는구나.'

그러고 있으니 날뛰던 마음이 조금씩 잦아들었다. 마치 사탕이 바닥에 떨어져서 우는 3살짜리 어린아이의 마음을 가라앉히는 일과도 비슷했다. 내가 현명하고 지혜로운 엄마라면 어떻게 할까? 울지 말라는 다그침 대신 아이의 마음에 먼저 공감해줄 것이다.

"사탕이 손에서 떨어졌구나. 그래서 슬프구나. 이 사탕 맛있었는데, 그렇지? 그렇구나. 엄마랑 다른 사탕 사러 갈까?"

그러면 아이는 눈물을 뚝 그친다. 알아주면 된다. 내 마음도 아이와 같다.

모든 아픔에는
이름이 있다

우습게 들릴지 모르지만 내가 필라테스 강사가 된 계기는 사실 돈이 아까워서였다. 비행기 사고 이후, 보이지 않는 통증에 시달린다고 친구에게 말했더니 필라테스 운동을 해보라는 권유를 받았다. 재활운동이라 도움이 될 거라고 말이다. 그런데 필라테스 개인 레슨 비용은 상당히 비쌌다. 당시 비행을 하지 않아 기본급밖에 받지 못하던 때라서 망설여졌다. 하지만 내 몸의 통증이 사라진다면 뭐라도 해야만 했다. 제발 하루라도 편하게 푹 자고 싶었다.

하늘을 나는 승무원에서 강사로

필라테스 개인 레슨을 받기 시작하고부터 과연 몸이 조금 나아지는 것 같기는 했다. 하지만 내가 지불하는 비용만큼의 대가가 주어지는 것 같지는 않았다. 그러다 개인 레슨이 20회가 넘어가는 찰나에 돈이 아깝기도 하고 통증 역시 사라지지 않아 답답한 마음이 들었다. 결국 내 몸에 대해 내가 직접 공부해야겠다 싶어 필라테스 지도자 과정을 등록했다. 처음 등록할 당시에는 몇백만 원이면 되는 줄 알았는데 공부를 하다 보니 교육 비용이 점점 늘어났다.

지도자 과정을 모두 이수하는 데는 천만 원을 훌쩍 넘는 비용이 들었다. 개인 레슨 비용이 비싸 직접 배워보겠다고 나선 것이 배보다 배꼽이 더 크게 되었다. 호기심 반, 답답함 반으로 시작한 공부였는데 비용이 점점 늘어나니 돈의 가치를 위해서라도 열심히 해야겠다는 생각으로 밤낮없이 공부했다.

당시에 나는 아직 승무원으로 일하던 때라 인도네시아 자카르타에 살고 있었다. 그래서 영어로 된 책으로 공부하고 인도네시아어를 쓰는 선생님의 수업을 들을 수밖에 없었다. 수업 시간에 모르는 단어가 나올 때마다 책 한귀퉁이에 적어놓고 쉬는 시간에 사전을 찾았다. 인도네시아어에서 영어로, 영어에서 한글을 찾아가며 단어부터 하나씩 익혔다. 이렇게 공부하니 사실 시간도 오래 걸리고 중간에 포기하고 싶은 마음도 들었지만 내 몸을 알아가는 과정이 재미있었다. 뼈와 근육의 이름을 외우고, 세포와 막들이 어떻게 내 몸을 구성하는지 공부하고 있으면 마치 초등학생 시절로 돌아간 것 같았다.

그러면서 무엇이 내 몸을 구성하는지를 알게 되었고, 나의 습관과 체형을 돌아보았다. 통증이 있던 내 몸에 대한 궁금증이 하나씩 풀리면서 그간 품어왔던 가슴의 응어리도 서서히 풀어지는 것 같았다. 공부하는 과정에서 얻은 지식으로 머리가 아닌 가슴이 뜨거워졌다.

'아, 그동안 내 몸을 이토록 방치했구나. 그래서 아픈 거였구나. 그렇게 아프다고 소리치며 나 좀 봐달라고 했는데 무시했었구나.'

아픈 내 몸을 고치기 위해 악바리로 공부했다. 비행기에서 짬이 날 때마다 자격증 시험을 준비했다. 실기 시험 준비를 위해 견습생으로도 일했다. 낮에는 강사로 일하고 밤에는 비행을 했다. 내가 아는 것을 회원님에게 적용시켜 가르쳤다. 그리고 내 몸을 움직여보았다. 팔이 이렇게 움직일 때 이러한 근육들이 동원되어 움직이는구나. 신경에 의해서 몸이 이런 반응을 하는구나. 골반이 뒤틀린 사람에게는 이 운동을 하게 해주면 좋겠구나.

처음에는 특정한 공식에 의해서 사람의 몸이 움직인다고 착각했다. 복부가 약하면 허리가 긴장한다는 문장처럼 공식만이 답인 줄 알았다. 하지만 회원들을 만나보면 얘기는 달라졌다. 똑같은 요통이라고 해도 사람에 따라 원인이 등, 목, 팔, 골반, 발목 등 몸의 어느 부분에서 올지 모른다는 것이었다. 공부를 할수록 몸에 대한 존경심이 생겼다. 이렇게 복잡한 구조 안에 60조 개의 세포가 매일 나를 위해 움직여주고 있다는 사실이 너무도 놀라웠고 그동안 제대로 보살펴주지 못한 것에 대해 몹시 미안한 마음이 들었다.

몸은 끊임없이 말하고 있다, 지금도

그간 왜 그렇게 몸이 아팠는지 알게 되고, 전보다 한결 편안해지면서 내 몸이 얼마나 소중한지 알게 되었다. 또한 나와 같이 힘들어하는 사람들을 도와줄 수 있다는 것에 너무도 감사했다. 지금도 나는 매일 내 몸을 비롯한 모든 이들의 몸에 경외심을 가지고 있다. 몸이 아프다고 내는 소리를 절대 흘려듣지 말았으면 한다. 두통이든, 팔 저림이든, 무릎 통증이든, 만성피로든, 몸이 '제발 나 좀 봐주세요' 하고 도움을 요청하는 것이니 당장 시작했으면 좋겠다. 작은 관심이면 충분하다. '몸아, 어디가 아프니?' 하고 봐주면 금세 좋아진다. 그거 하나면 충분하다.

그렇게 나는 자격증을 취득했다. 작은 호기심으로 시작한 일이었지만 내 몸을 사랑하게 되고 몸과 마음이 편안해지자 나는 이직을 결심하고 강사로서 제2의 인생을 시작했다. 그러면서 많은 사람들을 만났다. 몸의 통증으로 괴로워하던 사람들은 병원을 가도 나아지지를 않거나 잘못된 운동으로 몸이 틀어지는 등 여러 이유로 나를 찾아온다. 그들은 움직일 때마다 통증이 있으니 마음마저 괴롭고 불편하다고 한다. 잘 때만이라도 편하게 쉬고 싶은데, 불면증이나 수많은 부정적인 생각들로 제대로 잠을 이루지 못한다.

내가 그랬다. 무거운 것을 들거나 걸을 때 허리와 무릎 통증이 있었고 밤에는 팔과 다리가 저려서 수십 번 깼다. 딱히 눈으로 드러나는 상처와 흉터가 아니니 몇 년을 그러려니 하고 살았다. 많은 이들이 자신의 얼굴이나 손가락에 상처가 나면 흉이라도 질까 봐 연고를 열심히 바르는데, 몸 안쪽의 통증은 그러려니 하고 살아간다. 예전의 나도 그랬던 기억이 있었기에 아픈 이들에게 동병상련을 느낀다.

나는 각종 근골격계 통증에 장기까지 아픈 사람이었다. 겉보기엔 멀쩡했지만 몸도 마음도 성한 곳 없는 걸어다니는 종합병원이었다. 30년 넘도록 아파 보니 건강한 삶이 얼마나 소중한지 알게 되었다. 이제야 비로소 제발 아픈 날이 없게 해달라고 빌었던 20대의 소원이 이루어졌다. 건강해진 내 몸의 비밀을 다른 사람들에게도 전달해줄 수 있으니 내게 있어 수업은 일이 아닌 나를 치유하는 시간이 되었다. 과거의 나처럼 아픈 분들의 마음을 공감하고 치유해줄 수 있는 현재가 꿈만 같다.

레모네이드를
쏟은 날의 진실

미국 마이애미에 놀러 갔을 때였다. 나는 호텔 테라스에 앉아 책을 읽으며 시원한 레모네이드 한 잔을 마시고 있었다. 덥고 습한 바닷바람이 불어왔다. 그런데 순간적으로 불어오는 거센 바람에 얼마 남지 않은 레모네이드가 넘어져 바닥에 엎질러졌다. 거의 다 마신 참에 얼마 되지도 않는 양이라 귀찮아서 조금 이따가 닦아야겠다고 생각했다. 몇 시간 뒤 화장실에 다녀오는데 바닥에 묻은 레모네이드가 신경 쓰이기 시작했다. 티슈를 가져와 닦으려는데 끈적끈적한 레모네이드가 바닥에 들러붙어 잘 닦이지 않았다.

쏟았을 당시에 바로 닦았더라면 이렇게 굳지는 않았을 텐데, 좀 더 수월하게 청소할 수 있었는데 하고 작은 후회를 했다. 결국 따뜻한 물을 묻혀 걸레로 닦았다. 있는 힘껏 팔에 힘을 주어 박박 닦아내야만 했다. 우리의 몸과 마음도 이런 것이 아닐까. 조금 불편한 곳이 있다면 바로 치유해주면 좋을 텐데. 더 아파지기 전에 레모네이드 닦듯이 쓱 청소해주면 좋을 텐데 하는 생각이 몰려왔다.

몸이 불편하다는 소리를 낼 때, 불안하고 부정적인 감정들이 올라올 때 그때그때 닦아내면 되는데 자꾸만 무시하고 있는 그대로 두다 보면 그것이 어느새 일상이 된다. 사소한 몸과 마음의 통증이 습관이 되고 내 삶이 되어버린다. 그러다 우울증이나 번아웃과 같은 더 큰 질병들의 모습으로 우리에게 닥쳐오면 무척이나 힘이 든다. 어디에서부터 닦아내야 할지 감이 잡히질 않고 혼란스러워진다.

조증과 울증 사이에서 길을 찾다

내 몸과 마음이 몹시 괴롭고 아팠던 서른 살이 지나고 2017년부터 명상을 만났다. 나는 몸과 마음의 연결성을 알고부터 '스스로에게 정직하자'라는 삶의 가이드를 세웠다. 내 자신이 어떠한 감정을 가지고 있든 일단 바라봐주었다. 그리고 솔직해졌다. 최소한 나에게만은 거짓말을 하지 않았다. 내가 나의 마음을 매 순간 알아주니 서서히 우울증이 사라졌다. 사람들에게 잘 보이고 싶어 안달나던 조증과도 같은 내 모습도 줄어들어 갔다.

가면을 쓰고 남들에게 사랑받으려고 행동했던 모습에서도

벗어나려고 노력했다. 그렇게 하루하루 스스로 마음을 먹고 내 삶의 한 부분씩 고쳐나가던 중에 누군가에게 보여질 수 있는 일기를 쓰면 참 좋을 것 같다는 생각을 했다. 그래서 서로의 생각을 공유하는 인터넷 카페에서 일기를 쓰기 시작했다. 명상을 배운 곳에서 쓰는 수행일지였다. 혼자만 보는 일기가 아닌 불특정다수가 보는 카페에서 수행일지를 쓴다는 것은 남들에게 잘 보이고 싶어했던 내가 진정으로 솔직해지는 과정이었다. 부족한 것은 부족한 대로 나를 인정하고 내려놓았다. 잘한 것은 잘한 대로 더 잘할 수 있도록 나를 칭찬해주었다.

그렇게 매일 일기를 쓰며 이전과 다른 방식으로 나 자신을 드러내기 시작했다. 있는 그대로의 나를 솔직하게 보여주니 더 이상 감출 것도 포장할 것도 없었다. 사랑과 관심에 고파 매우 가난했던 나의 마음은 점점 잘하고 있다는 희망으로 채워졌다. 그 희망은 바로 지금, 있는 그대로의 나를 인정하고 사랑하는 마음이었다. 또한 일기를 쓰면서 가장 좋았던 것은 사람들의 응원 댓글이었다. 인터넷으로 만나 얼굴도 모르는 사람들이었지만 내 일기를 보는 사람들이 나를 응원해주었고 나도 그들을 위해 응원 댓글을 남겼다. 그렇게 나는 수행을 하면서 내 마음이 점점 풍요로워지는 것을 느낄 수 있었다.

욕을 하는 내가 낯설어질 때

나 자신이 변화하고 있다는 것을 가장 잘 느낄 수 있는 시간은 바로 운전할 때였다. 완벽한 나만의 공간인 차 안에서는 각자가 지닌 본성이 잘 나온다. 신나는 노래가 나오면 미친 듯이 열광하며 음치를 뽐내기도 하고 위험한 순간이면 차지고 구성진 욕이 나오기도 한다. 나 역시 운전 중에 사고를 낼 뻔한 적이 있었다. 밤 11시경 어두운 밤길에 울타리가 쳐져 있던 차도를 지날 무렵이었다. 한 남자가 내 맞은편인 차도에서 걸어오고 있는데 온통 검은색 옷을 입어서 도로와 분간이 되지 않았다. 나는 그 남자를 미처 보지 못했고 술에 취했는지 비틀거리는 그를 하마터면 차로 칠 뻔했다.

순간적으로 "미친 거 아니야?"라는 말이 불쑥 튀어나왔다. 깜짝 놀랐다. 잠시 갓길에 차를 멈추고 비상등을 켰다. 얼어붙은 심장을 쓸어내리고 정신을 차렸다. 방금 지나간 사람이 안전하기를 마음속으로 빌었다. 다른 사람에게 나와 같은 상황이 생기지 않기를 마음속으로 빌어주었다.

그런데 순간 기분이 묘했다. 방금 한 말이 마치 남이 한 말인 듯 느껴졌다. 오랜만에 내 입에서 강한 표현이 튀어나와 나조차도 내가 낯설었다. 예전 같았으면 아무렇지 않게 썼을 표현이 무척이나 어색하게 느껴졌다. 하얀 도화지 위에 검은 잉크가 촤

르르 하고 쏟아진 듯했다. 그동안 많이 변했다는 것을 느꼈다. 나 스스로에게 정직하게 사는 것은 양심에 찔리는 행동들은 물론, 욕설이나 나쁜 생각마저 조절하는 것이었다.

'내가 많이 바뀌었구나. 예전 같았으면 아무렇지 않게 술에 취한 사람에게 마구 욕을 했을 텐데. 놀란 내 가슴을 저 사람 탓으로 돌리기 바빴을 텐데. 이제는 내 감정을 빠르게 알아차릴 수 있고 다른 사람을 위한 마음도 낼 수 있구나.'

나 자신이 기특하게 느껴졌다. 마치 학원 하나 안 보낸 자식이 수학 시험에서 백 점을 맞아온 듯한 희열이 느껴졌다. 자식이 잘 커가는 과정을 지켜보는 것 같았다. 그렇게 내가 나를 키워가고 있었다. 그 날 밤 나는 좋은 모습으로 변해가는 내 모습이 마음에 들었고 나를 사랑하는 마음이 더욱 커지는 것을 느꼈다.

운명의 여신이 보내온
경고장

천 일 수행을 이어가던 평화로운 날들
이었다. 이제야 비로소 삶 속에서 진정한 평화가 무언지 알게 되
었고, 자연에 감사하고 내가 살아있는 것에 감사하는 매일이었
다. 그런데 별안간 커다란 폭풍이 몰아쳤다. 친한 지인으로부터
천만 원의 사기를 당했다. 같은 시기에 훈남을 소개해주었던 친
구는 여우같이 그 남자를 가로챘다. 새벽마다 잠을 설치며 준비
했던 큰 프로젝트는 하루아침에 물거품이 되어 날아가 버렸다.
여러모로 힘든 과정 속에도 울지 않고 마음의 평화를 지키려 안
간힘을 썼다. 그런데 건강마저 적신호가 켜졌다. 바로 난소에 혹
이 생긴 것이다.

어느 날 아침, 오른쪽 하복부에 극심한 통증을 느껴 침대에
서 일어나지 못했다. 내가 알고 있는 상식으로는 맹장의 위치였
다. 인터넷으로 찾아보니 맹장염 증상이 나와 대부분 일치했다.

이것은 분명 수술을 해야 한다고 생각했다. 등을 펴지 못한 채 입원에 필요한 것들을 대충 챙겼다. 동네에 있는 가장 큰 내과를 기어가다시피 찾아갔다.

나를 침대에 눕히고 복부 초음파를 하던 간호사는 한참 동안 내 복부에 초음파 기계를 이리저리 돌려가며 고개를 갸우뚱했다. 그리고 다른 간호사를 두 명이나 더 불러 모았다. 이상한 낌새가 든 나는 맹장 아니냐는 질문을 했다. 간호사는 나의 말을 못 들은 척하고 의사가 있는 방으로 나를 안내했다. 검사 결과를 본 의사는 산부인과로 급히 가봐야 할 것 같다면서 나를 재촉했다.

무언가 잘못되었다는 걸 느꼈다. 통증으로 식은땀을 흘리며 급히 산부인과로 갔다. 간호사들이 부축해주어 겨우 검사를 마쳤다. 의사는 내게 대학병원을 급히 가보는 게 좋겠다며 소견서를 써주고 다음 날 병원 예약까지 해주었다. 무엇 때문이냐고 물어볼 힘도 없었다. 문을 나와 대기실 소파에 앉으려다 배를 잡고 바닥에 쓰러졌다. 갑자기 배에 극심한 통증이 몰려왔고 온몸에 힘이 풀렸다. 나는 산모들이 쉬는 침대에서 진통제 주사를 맞고 꼬박 두 시간을 잠들었다.

다음 날 대학병원에 가서 어제와 똑같은 검사를 했다. 의사 선생님은 나의 난소 오른쪽에 8센티미터, 왼쪽에 2.5센티미터의 혹이 있다는 걸 알려주었다.

'혹이 8센티미터나?'

놀랄 겨를도 없이 의사 선생님은 설명을 이어갔다. 그 혹이 갑작스레 뒤틀려져서 어제의 통증을 유발한 것이라고 했다. 이 정도 크기라면 당장 수술을 해야 한다고 권했다. 그렇지 않으면 어제처럼 혹이 틀어져 위험한 상황이 올 수도 있다고 했다. 잘못 하다 혹이 터지면 복막염으로 사망할 수 있다고 했다. 그렇지 않더라도 지금 상황은 장기유착으로 혹이 다른 장기에 들러붙어 더 위험해질 뿐 지금보다 나아질 가능성은 전혀 없다고 했다. 어느 정도 예상은 했지만 이리도 급하게 수술을 말할 줄은 몰랐다. 의사 선생님은 더 정확한 것을 알기 위해서 CT 촬영을 권했고 2주일 뒤로 다시 예약을 잡았다.

이제 막 살 것 같은데
수술을 해야 한다니

나에게는 아무 결정권이 없는 듯 보였다. 서른 살 초반. 결혼도 안하고 남자친구도 없는데 수술을 해야 한다니. 마치 내 삶에 빨간 줄이라도 그어지는 것 같았다.

'임신하는 데는 괜찮은 건가. 아니 복막염으로 죽을 수도 있다는데 몇 년 뒤가 될지도 모르는 임신 걱정을 하다니.'

내가 참 한심했다. 인터넷을 마구 뒤지기 시작했다.

'분명 다른 방법이 있을 거야. 경화술? 개복이 아니라 주삿바늘을 꽂아서 혹에 차 있는 피를 뽑아내는구나. 아, 이건 별로 위험하지 않겠다. 그래, 다른 병원 의사 선생님을 만나보자.'

그리하여 다른 세 군데의 대학병원을 더 가본 결과는 역시 같은 말을 들을 뿐 다른 방법은 없어 보였다. 이미 혹이 너무 커져 있었다. 그동안 총 네 군데의 대학병원을 다니면서 힘들었던 건 내 몸이 아프다는 사실이 아닌 의사 선생님들을 만나는 것이었다. 그들을 만나기 위해 어렵게 예약을 잡는 과정과 기다리는 날들 속에 불안감과 초조함이 증폭되었다. 혹시나 다른 방법이 있지는 않을까 했던 한 줄기 희망은 의사 선생님들의 차가운 눈빛과 권위적인 말투 속에 산산이 무너졌다.

"경화술은 안 되나요?"

조심스럽게 물었던 내게 의사 선생님은 그런 건 또 어디서 듣고 왔냐며 전문가인 척하지 말라는 차가운 눈빛과 말투로 쏘아붙였다. 주눅이 들어 말하기가 눈치 보였다. '당장 수술하지 않으면 위험하다'라고 명령하듯 말하는 의사 선생님에게 수술 일정을 잡아달라고 부탁드렸다. 하지만 수술 일정이 너무도 많아 3개월 뒤에나 수술이 가능하다는 절망적인 대답이 돌아왔다.

참 아이러니했다. 수술을 빠르게 해주지도 못하면서 왜 당장 위험할 거라는 겁은 잔뜩 주는지. 나보고 어쩌라는 말이지.

아무렇지 않다는 거짓말

"수술 날짜를 좀 더 빨리 잡아주실 수는 없나요?"

주눅이 들어 잔뜩 움츠린 어깨로 나는 처절하게 부탁할 수밖에 없었다. 난소에 혹이 생겨 수술해야 한다는 사실보다 냉소적인 태도의 대학병원 의사 선생님을 만나는 게 내게는 더 어려운 일이었다. 이런 선생님에게 내 몸을 맡겨야 한다니. 수술 날짜를 빨리 잡게 해달라고 부탁해야 한다니. 왜 내가 죄 지은 사람처럼 여겨지는지 모르겠다. 몸이 아파 안 그래도 서러운데 현실에 굴복하는 내 존재가 비굴하고 초라하게 느껴지기까지 했다.

수술을 하루 빨리 받으라는 말에 내 마음이 초조해졌다. 다행히 다른 대학병원 의사 선생님을 찾아가 어렵게 수술 날짜를 잡았다. 수술은 2주 뒤였다. 나는 '수술하면 괜찮겠지 별거 아닐 거야'라고 스스로를 다독였다.

그때 처음에 갔던 대학병원에서 CT 촬영 예약 문자가 왔다. 갈까 말까 망설였지만 지금 아니면 또 한참을 기다릴 수 있으니 우선 가보자는 마음으로 몸을 움직였다. 좀비처럼 아무런 기대와 희망이 없었다. 기계처럼 움직였다. 미로 같은 대학병원을 걸어서 접수 절차를 밟고 대기실에 앉았다. 병원의 하얀 벽을 바라보고 멍하게 앉아 있었다. 간호사가 조형제를 투여했다. 속이 메스꺼웠다. '수술만큼 아프겠어?' 하고 울렁이는 심장을 안심시켰다. 모든 검사를 다 마치고 의사 선생님을 만났다.

'그냥 시키는 대로 해야 되나'
포기할 때쯤 찾아온 희망

방은 따스했지만 공기는 적막했다. 컴퓨터 모니터에는 내 몸이 해골처럼 훤히 들여다보이는 CT 사진과 초음파 사진이 있었다. 의사 선생님은 사진들을 유심히 쳐다보시더니 내게 미혼인지 그리고 임신 계획이 있는지에 대해 물으셨다. 난 임신 계획이 전혀 없는 미혼이라 했다. 선생님은 수술하기 전 약물치료를 해보면 어떻겠냐고 하셨다. 수술이 필요한 상황이긴 하지만 수술을 하게 되면 난소의 기능이 줄어드니 최대한 다른 방법을 써보자고 하셨다. 여태 만나온 의사 선생님들과 다를 것 없이 느껴졌던 박 교수님이 조금 따스해보였다.

박 교수님의 말투는 명령조가 아닌 청유형이었다. 담담하면서도 조심스러운 말투에 신뢰가 갔다. 나는 어렵게 잡아놓은 수술을 놓칠까 두려움이 일었다. 이 사실에 대해 말씀드리니 박 교수님은 언제든 위험한 상황이 오면 내가 일정을 잡아 수술해 줄 테니 걱정하지 말라고 하셨다. 걱정하지 말라는 말과 내가 해주겠다는 든든한 믿음이 담겨 있는 말. 이 한마디에 나의 마음이 몽글몽글 풀어졌다. 그동안 난소에 생긴 혹 때문에 걱정과 두려움으로 한없이 긴장했던 나의 마음은 잠깐의 대화로 마치 봄꽃이 만발하듯 환해졌다.

그렇게 난 약물치료를 하기로 했다. 3개월마다 병원에 가서 정기 검진을 하고 약을 받았다. 난소기능을 체크하고 골밀도 검사도 받으면서 내 몸을 살폈다. 약물치료를 하면서 작은 희망이 내게 다가온 듯했다. 수술을 하지 않아도 된다는 것이 내겐 큰 기대로 다가왔다. 난소의 혹을 발견한 뒤 명상을 알려준 선생님께서 내게 300배 절 수행을 해보라고 걱정스러운 마음을 내려놓을 수 있게 되고 절을 할 때의 동작이 몸의 순환을 도와주어 몸이 좋아질 것이라고 하셨다. 그때부터 나는 혹이 사라진다면 무엇이든 하겠다는 마음으로 단 하루도 거르지 않고 300배를 했다. 무척 더운 여름에도 땀을 흘리며 매일 절 수행을 했다.

100일 정도가 되니 이제 300배가 무척 가벼워졌다. 30분이면 척척 기계처럼 절을 했다. 이제는 이 정도 가지고는 땀도 나지 않을 정도로 절 수행이 일상이 되어버렸다. 하지만 100일이 훌쩍 지났을 때 갑자기 무언가 머리를 스쳐 지나갔다. 내가 이것에 집착을 하고 있다는 생각이었다. 마치 이것만 하면 내 몸이 다시 태어날 거라는 신비감과 이것으로 인해 난소의 혹이 사라질 것이라는 기대와 집착이 올라왔다. 경건하고 신성하게 임해야 할 절 수행을 마치 숙제처럼 여기며 내 몸을 움직였던 것이다.

나는 절 수행이 내 욕심에서 일어나는 것을 알아차리고 더 이상 하지 않았다. 절 수행을 하고도 혹이 줄거나 사라지지 않는

다면 그건 분명 절에 대한 불신으로 변하고 예전처럼 나 자신이
아닌 다른 것을 탓하는 마음이 올라올 것이기 때문이다. 그때부
터는 그저 내 운명에 맡기기로 했다.

아무렇지 않다는 거짓말

그래,
괜찮지 않아도 괜찮아

혹을 발견했을 때 나는 환자가 되었다. 이러지도 저러지도 못하는 겁먹은 토끼처럼 울타리 구석에 숨어 있었다. 몸이 아픈 게 아니라 마음이 잔뜩 겁을 먹어 두려움이란 감정에 휩싸인 마음의 병을 가진 환자였다. 주변 반응은 대체로 '요즘 혹은 누구나 다 있어. 수술하면 괜찮을 거야. 별것 아니야' 였다. 며칠을 기다려 만나는 의사 선생님들은 나를 공장에서 나오는 상품을 대하듯 여겼다. 누구 하나 걱정으로 가득 찬 내 마음을 따뜻하게 안아주기보다는 대수롭지 않다는 듯 말했기에 힘든 내가 더 이상하게 느껴졌다.

내가 네 군데의 대학병원을 다니면서 느낀 것은 몸이 아픈 건 마음을 아프게 한다는 것이었다. 혹을 없애려고 내 몸에 칼을 대면 어쩌지, 그것으로 인해 내 난소의 기능이 떨어지면 어쩌지, 결혼을 못하면 어쩌지 하는 수많은 두려움이란 감정을 마주했다. 또한 기도를 하면 괜찮아질 거라는 욕심과 집착도 일어났다.

그때 나는 내 마음에서 일어나는 모든 것을 바라보게 되었다. 수술이 두려웠다는 것과 기도를 하면 나아질 거라는 욕심이 있었다는 것을 알아차렸다. 몸이 아픈 것이 내 마음을 다시 가난하게 만들고 있었다. 나는 모든 것을 내려놓았고 지금 그대로의 나를 바라보기로 마음먹었다. 내가 어떠한 모습이던 지금 그대로 괜찮다고 생각했다. 수술을 하든 어떤 상황이 와도 괜찮다는 마음을 연습했다.

두려움마저 놓아버린 뒤
찾아온 놀라운 변화

약물치료를 하면서 나는 3~4개월에 한 번씩 병원 검사를 했다. 이 검사 역시 특별한 것 없는 검사였다. 그저 호르몬 약을 타기 위해 의사 선생님을 뵙는 것이었다. 하얀 벽으로 둘러싸인 대학병원의 대기실에 앉아 있을 때마다 나는 스스로에게 말했다. 결과가 어떠하더라도 다 받아들이자. 모든 것엔 다 길이 있으니. 지금 그대로 괜찮다고 말했다. 불안한 내 마음을 토닥여주었다. 남들이 하는 말인 '이 정도는 누구나 다 아프니까. 수술 별것 아니니까' 하는 생각이 아니었다. 넌 뭘 해도 지금 그대로 괜찮다는 믿음을 스스로 주었다.

나는 혹시나 하는 궁금함에 초음파를 해보았다. 정말 감사하게도 내 난소의 혹은 점점 작아졌다. 왼쪽의 혹은 석달 뒤 사라졌다. 오른쪽에 있던 혹은 8센티미터에서 6센티미터, 4.2센티미터, 그리고 3.1센티미터까지 점점 작아졌고 결국엔 거의 사라졌다. 부정적인 감정을 알아차리고 하나씩 놓아버린 것이 도움이 됐을까. 지금 이대로 괜찮다고 생각했더니 내 마음이 평온해졌고 비로소 모든 것이 돌아왔다. 내가 바라지 않아도 모든 것이 괜찮아졌다.

따뜻한 한마디면 되는 일

나는 박 교수님을 통해 내 마음에 희망을 만날 수 있었다. 약물치료는 누구든 권할 수 있었겠지만 박 교수님은 내게 내·외과적인 치료가 아니라 마음에 희망을 선물해주었다.

진심으로 나를 생각해준 박 교수님 덕분에 나는 큰 위안을 받았다. 세상을 살아가면서 수많은 깨달음이 오지만 누군가의 따뜻한 한마디는 큰 힘이 있는 것 같다. 내게 희망을 준 것은 꾸준한 절 수행도 아니었고 난소에 좋다는 각종 영양제 같은 물질적인 것도 아니었다. 누군가의 마음에서 우러나오는 공감과 위로의 한마디였다.

그 한마디로 인해 나는 마음의 희망을 찾을 수 있었다. 그 희망으로 가는 과정에서 나는 여러 가지 감정을 마주했다. 두려움, 욕심, 집착, 불안함을 놓아버린 뒤, 아파도 괜찮다는 마음을 내었다. 그것은 지금 내 모습 그대로 괜찮다는 믿음이었다. 나는 몸이 아프든 마음이 가난하든 괜찮아질 거라고 믿었다.

마음과 몸이 아프던 지난날, 나는 괴로움 속에 살았다. 아픈 것을 당연하게 생각했기에 치유하는 방법 또한 알려고 하지 않았다. 하지만 몸과 마음의 통증을 마주하고 치유하는 과정에서 나는 몸과 마음이 깊이 연결되어 있다는 걸 깨달았다. 어느 한쪽이라도 아플 때 내 삶은 편안하지 않았다.

아무렇지 않다는 거짓말

Part 2

삼킨 마음은 어떻게 병이 되는가

몸이 어긋나는 마음의 10가지 신호

나 때문에 기분
나쁜 거 아닐까?

내가 아닌 남을 위한 삶을 살았다. 남들에게 잘 보이려고 하다 보니 몸은 늘 움츠려져 있었다. 남들에게 미움 받지 않으려고 거북이처럼 눈치를 보는 게 습관이 되었다. 남들을 의식하는 내 근육은 눈치 보는 습관만큼 딱딱해져 갔다. 혈류가 통하지 않아 아프다고 아우성친다. 그런 몸을 닮아 내 마음은 항상 바람 빠진 공처럼 쪼그라져 있다.

#눈치 남의 마음을 그때그때 상황으로 미루어 알아내는 것.

20살 때 꼼장어 가게에서 서빙 알바를 했다. 가게는 아담했지만 숯불에 굽는 꼼장어 맛이 기가 막혀 저녁에는 늘 북새통을 이루는 식당이었다. 어느 날, 아빠 나이 정도 되는 중년 남성 두 명이 나를 불렀다. 기본 안주로 나가는 차가운 콩나물국을 더 달라는 것이다. 양은 냄비를 들고 뒤를 돌았는데 그중 한 명이 내 엉덩이를 툭 쳤다. 순간 깜짝 놀라 그 남자의 얼굴을 쳐다보았지만 그는 신경 쓰지 않고 친구와 하던 얘기를 이어갔다. 테이블엔 이미 빈 소주가 세 병이나 있었다. 사장님이 주방에서 나를 보고 있었다. 까만 피부에 유난히 주름지고 축 처진 두 눈이 마주쳤다. 마치 제발 아무 말도 하지 말아 달라는 애절한 눈빛이었다.

눈물이 왈칵 나올 것 같았다. 나는 놀란 마음을 움켜쥐고 주방으로 걸어갔다. 그 손님에게 가져다 줄 콩나물국을 냉장고에서 꺼내었다. 억울했다. 사장님이 보고 있는데 도와주지도 않다니. 나는 홀에서 보이지 않게 뒤를 돌았다. 그리고 입술을 오물조물 움직이며 침을 모아 콩나물국에 쭈욱 하고 뱉었다. 콩나물국을 봤다. 티가 나는 것 같아 젓가락으로 휘휘 저었다. 기분이 뭐랄까. 아주 작은 통쾌함이 몰려왔다. 몰래 침을 뱉는 행동은 그때 내가 할 수 있는 가장 큰 복수였다. 하지만 아직도 그 기억이 생생하게 남아있는 걸 보면 그때 사장님의 눈치를 보며 한 행동과 손님에 대한 미안함이 내 마음에 크게 자리 잡은 듯하다. 왜 나는 기분이 나쁘다고 말로 표현하지 못했을까? 왜 부당한 일에 사장님의 눈치를 봤을까?

눈치의 뿌리

눈치를 보는 마음의 뿌리는 어렸을 때부터 만들어진 것 같다. 중학생 때, 전라도 깡시골에서 혼자가 되었을 때였다. 우리집 바로 위에는 삼남매 가족이 살고 있었다. 그중 둘째인 유정이는 나와 동갑이어서 전학 첫날부터 무척 친하게 지냈다. 유정이네 아빠는 개인택시 기사여서 일주일에 두어 번 정도 시간이 맞을 때면 삼남매를 학교에 데려다주었다. 그 덕분에 나도 걸어서 40분 넘게 걸리는 등굣길을 편하게 차를 얻어 타고 갈 수 있었다.

어느 날 아침, 내가 늦잠을 자고 말았다. 유정이가 밖에서 "미라야 학교 가자" 하는 소리에 화들짝 눈을 떴다. 세수하고 옷 입는데 5분이면 충분히 준비를 할 수 있었다. 하지만 유정이네 아빠 차가 밖에 있는 것을 보고 "나 늦었으니 그냥 너 먼저 가" 하고 말했다. 그러나 유정이는 기다리겠다고 했다. 난 허겁지겁 준비를 하고 택시에 올라탔다. 차에 타자마자 유정이네 아빠가 역정을 내셨다.

"아니 왜 늦잠을 자냐! 사람을 기다리게 하고 말이야. 빨리 빨리 일어나야지. 뭐 했냐?"

내 심장이 엄지 손톱만큼 작게 쪼그라들었다. 나는 아무 말도 하지 못했다. 옆에 있던 유정이네 언니가 하지 말라고 말렸지만 유정이네 아빠는 학교 가는 내내 나에게 큰 소리로 꾸지람을 하셨다.

'나는 피해를 주고 싶지 않아서 먼저 가라고 했는데. 뭘 잘못했을까. 뭘 그리 크게 잘못해서 부모님한테도 듣지 않는 꾸중을 들어야 하지. 그것도 유정이네 삼남매 앞에서.'

나는 몹시 서러웠다. 내게는 아침에 학교 가라고 깨워주는 엄마도 없고, 밥을 차려 주는 사람도, 교복을 다려주는 사람도 없다. 혼자 씩씩하게 살아가고 있는데, 부모가 없다고 무시하는 걸까. 가슴에서 폭포수 같은 눈물이 흘렀지만 삼남매 앞에서 아무 말도 할 수가 없었다. 억울함과 서러움을 가득 가슴에 묻은 그 날 아침은 내게 큰 상처를 주었다. 그 날 이후로 나는 목소리가 크고 거친 남자를 만나면 나를 혼내는 것 같아 심장이 반으로 쪼그라든다.

행여나 늦잠을 자지 않을까 하는 트라우마도 생겼다. 이른 아침에 시험 또는 중요한 일정이 있는 날이면 악몽을 밤새 꾸기도 했다. 늦잠을 자고 화들짝 일어나서 약속 장소로 가는 꿈 혹은 원활하게 그 일이 이루어지지 못하는 꿈을 꾸기도 했다. 혹시라도 늦게 일어나지 않을까 하는 초조함이 생기고, 내가 무언가를 잘못해서 꾸지람을 듣지 않을까 하고 눈치를 보는 습관이 생겼다.

새우잠을 자는 이유

이렇듯 어린 시절의 경험은 내가 성인이 되어서도 크게 영향을 미쳤다. 눈치를 보게 만든 가장 큰 사건은 내가 새엄마와 함께 살 때였다. 전라도 시골에서 고등학교 3학년까지 마치고 서울로 올라왔다. 서울로 올라오면 시골 생활보다 나을 것 같았다. 내가 태어났던 서울이었고 부모님이 계시는 곳이니 말이다. 하지만 내 기대는 보기 좋게 빗나가고 말았다. 그동안 아빠는 결혼을 했고 아빠보다 11살 어린 새엄마와 아이까지 낳아 살고 있었다.

새엄마는 두 얼굴의 여자였다. 아빠가 집에 있는 오전에는 천사의 모습을 한 현모양처였다. 하지만 아빠가 가게에 나가는 밤에는 악마의 모습을 한 주정뱅이였다. 밤마다 술을 마시며 신세 한탄을 했다. 술에 심하게 취한 날이면 나에게뿐 아니라 세 살도 안 된 이복동생에게 욕을 하고 폭력을 휘둘렀다. 아빠가 집에 있고 없고의 차이가 분명했다. 매일 아침 눈을 뜨면 그 여자의 기분이 어떨까 눈치를 보며 일어났다. 저녁에 집에 들어갈 때면 오늘은 그 여자가 또 무슨 짓을 할까 하는 괴로운 마음이 들었다. 그때는 어리석게도 아빠가 또 이혼을 할까봐 두려움에 아무 말도 못 하고 참고 지냈다. 아빠의 눈치, 새엄마의 눈치, 친구의 눈치, 사장님의 눈치… 그렇다. 나는 온갖 타인의 눈치를 보면서 살았다.

눈치 보는 것이 일상이 되니 잠을 잘 때조차 편하지 않았다. 여행을 같이 갔던 친구가 "너 간밤에 추웠어? 왜 그렇게 불쌍하게 잔뜩 웅크리고 자"라고 할 정도로 옆으로 쭈그려 새우잠을 자는 게 습관이었다. 언제부터인가 항상 척추를 둥글게 말고 팔과 다리를 웅크린 채 잠을 잤다. 그 때문에 내 어깨는 말려 있었고 목은 앞으로 나와 있었다. 컴퓨터나 핸드폰을 다뤄야 하는 직업이 아니었던 나는 직업병이 아닌 생활 습관에 의해 체형이 망가졌다.

좋지 않은 습관은 통증을 일으켰다. 20대 후반부터 한쪽 팔이 저리다 못해 남의 팔인 것처럼 피가 안 통해서 수없이 잠에서 깼다. 마치, 주사 맞을 때 피가 통하지 말라고 꽉 묶는 고무줄로 몇 시간 내내 겨드랑이를 조인 것 같았다. 시체의 팔이 된 것 같았다.

낮에는 어깨와 등이 아팠다. 저릿한 통증으로 마치 누군가가 내 왼쪽 어깨 전체를 간질이는 기분 나쁜 통증이 근육 깊숙한 곳에서 느껴졌다. 개미보다 작은 수많은 벌레가 기어가는 느낌이랄까. 흰 밥에 식초 한 통을 뿌린 느낌이랄까. 시큰한 느낌이 지속되었다. 매우 기분 나쁜 통증이었다. 그리고 어깨를 올릴 때마다 날개 뼈에서 드르륵 갈리는 소리가 났다.

뻣뻣한 어깨가 주는 신호

아마도 그때부터였을 것이다. 나는 양쪽 어깨를 들어올렸다 내리는 버릇이 생겼다. 그리고 한숨을 자주 쉬었다. 엄마가 나를 보며 너 왜 그렇게 이상하게 어깨를 올리는 행동을 하냐며 물었고 젊은 애가 한숨 좀 쉬지 말라고 말해주었다. 아무래도 그 행동이 틱 장애였던 것 같다. 양쪽 어깨를 시도 때도 없이 으쓱대고 내려놨다. 그러면 어깨가 조금은 시원해지는 느낌이었는데, 나도 모르게 무의식적으로 집에서도 밖에서도 하게 되었다. 한숨 또한 그랬다. 몸이 불편하니 한숨이 계속 나왔다. 과거에는 눈치를 보는 마음이 내 어깨를 처지게 만들었다면 성인이 된 이후에는 그 어깨가 만성적으로 굳어져 몸의 통증으로 온 것이다.

"특별히 언제 아파요?"라고 물어본다면 특정해서 말할 수 없을 만큼 하루 24시간 내내 계속 아팠다. 아무런 방법이 없었다. 그냥 참는 것밖에 몰랐다. 병원에 가도 진통제만 줄 뿐이었다. 평생 이렇게 살아야만 하는 줄 알았다. 조금이라도 편해지고 싶어서 마사지를 받으러 갔었던 적이 있었다. 내가 어깨 통증에 대해서 이야기하니 그 사람은 자신이 있다는 듯, 내 목의 근육을 열심히 풀어주었다. 그리고 다음 날 나는 옷을 갈아입지 못했다. 어깨를 들어 올릴 수 없게 되었다. 한쪽 팔이 아예 마비가 된 것이다. 속옷을 착용할 수 없었고 머리도 감을 수 없었다.

내 몸이 신호를 주었다. 너 정말 심각한 단계이니 어서 치료해달라고 말해주었다. 병원으로 달려가 주사를 맞고 도수 치료를 받았다. 열 번 정도 치료하니 어깨는 움직일 수 있었지만, 그 이후로도 생활 습관을 고치지 않아 어깨 통증은 고질적으로 왔다. 고통이 매일 지속되니 그것은 더 이상 고통이 아닌 일상이었다. 부모님에게 또는 연인에게 지속적으로 폭행을 당하는 일이 생활화되면 더 이상 그것이 잘못되었다고 인식하지 못한다. 몸에 있는 통증도 마찬가지다. 만성이 되면 그러려니 하게 된다.

나 역시 그랬다. 어깨가 아픈 것을 알았지만 아픔을 당연하게 생각했다. 통증이 일상이 되어버렸다. 아마도 누군가의 눈치를 보는 게 당연했던 내 마음처럼 내 몸도 나의 눈치를 보았던 건 아닐까. 늘 긴장하고 딱딱하게 굳어 있던 내 어깨가 항상 누군가의 눈치를 보며 살아가던 내 마음과 꼭 닮아 있다. 나는 학창시절부터 눈치를 보면서 내 마음을 표현하지 못했다. 내 마음이 말하지 못하는 것을 내 몸이라고 어떻게 말할 수 있을까. 내 마음의 아픔과 내 몸의 통증을 돌이켜본다. 말하지 못했던 날들을 돌아보니 내 삶에 미안함이 올라온다.

내 몸을 위한 마음챙김 ①

— 오래 외면해온 통증은 없는지 돌아보자

지금 내가 가장 아픈 곳은 어디일까? 작은 통증은 어느새 일상이 되고 당연한 것이 되어버린다. 이 정도는 누구나 아프다는 말로 당연하게 지나가지 말고 왜 아플까 생각해본다. 내 몸의 통증을 바라보면 내 마음으로 분명 연결이 된다.

— 남의 눈치가 아니라 내 마음의 눈치를 살펴보자

우리는 잘 보이기 위해, 미움 받지 않기 위해, 칭찬이 고파서 여러 사람의 눈치를 본다. 그러나 누구보다 가장 눈치를 살펴야 할 것은 내 마음이다. 나를 중심에 두고 타인이 아닌 내 눈치부터 한번 살펴보자.

— 아무렇지 않은 게 아니었다는 것을 인정하자

그 정도 일로 상처받았다는 것을 인정하고 싶지 않을 때가 있다. 사실은 곪아가고 있었을 마음에 대해서, 우리가 작은 일에도 상처를 받을 수 있는 존재임을 인정하자. 상처를 인지하는 것이 치유를 위한 시작이다.

삼킨 마음은 어떻게 병이 되는가

이렇게 살아도
괜찮은 걸까?

마음에 들지 않는 현실에서 벗어나고파 도망을 선택
했다. 하지만 준비되지 않은 나에게 불안감은 더욱
커져갔다. 불안할 때마다 음식으로 나를 달래주었
다. 음식을 먹을 때만큼은 불안한 생각을 잊을 수 있
었다. 잠시라도 나는 행복했다. 불안할수록 음식을
먹었고 내 몸무게는 불안의 크기와 정비례하면서 정
직하게 늘어만 갔다.
#불안(不安) 마음이 편하지 아니하고 조마조마함.

살면서 친구들이 내게 지어준 여러 가
지 별명들이 있지만, 가장 기억에 남는 것은 '뼈다귀'이다. 어렸
을 때는 뼈가 앙상하리만큼 왜소하고 빼빼 말랐었다. 하지만 그
별명은 호주를 다녀오고부터 더 이상 듣지 못했다. 워킹 홀리데
이로 호주에 간 첫 8개월 동안 놀라울 정도로 많이 먹었다. 평생
살이 찐 적 없이 뼈다귀였던 내가 45킬로그램에서 52킬로그램
으로 갑자기 7킬로그램이나 늘었다.

스물네 살, 뭐 하나 딱히 잘하는 것도 꿈도 없었던 나는 영어

라도 배워야겠다는 생각에 그 당시 유행하던 어학연수 프로그램을 갔다. 비교적 수업료가 저렴한 필리핀에서 그룹과 일대일 수업으로 영어의 기본을 익히고 호주로 가서 일을 하며 영어를 배울 수 있는 프로그램이었다. 필리핀 세부에서 4개월을 보내고, 호주로 넘어갔다. 나는 영어를 배워야한다는 마음에 일부러 한국인을 만나기 힘든 소도시로 정했다. 대부분 시드니나 멜버른이라는 대도시로 가서 공부와 여행을 함께 즐겼지만, 나는 첫 도시를 시골 느낌이 나는 북호주의 소도시인 케언즈로 선택했다.

영어가 주는 혼란

거주지로는 두 가지 선택권이 있었다. 호주 가족과 지내며 자연스레 영어를 배울 수 있는 홈스테이와 한국인 유학생이 운영하는 쉐어하우스였다. 당연히 홈스테이로 가려고 했지만 케언즈는 도시 특성상 홈스테이의 위치가 매우 멀었다. 내가 다니는 어학원에서 버스를 타고 한 시간이나 걸렸다. 나는 비교적으로 도심지와 가까운 곳으로 정하다 보니 한국인이 하는 쉐어하우스에서 지내게 되었다. 쉐어하우스는 나와 비슷한 목적으로 온 한국인들이 여러 명 모여 사는 곳으로 대부분 한 집에 여섯 명 이상 모여 산다. 많은 곳은 열 명도 있었다. 그러다 보니 영어를 배우고자 하는 첫 마음과 달리 어학원에 있는 시간을 제외하고는 한국인들과 자주 어울리게 되었다.

이래서는 안 되겠다 싶어 영어를 늘리려고 무작정 태국 음식점에서 일했다. 잘 알아듣지도 못하는 내가 처음으로 맞닥뜨린 난관은 페퍼 좀 달라는 손님의 주문이었다. 영국식의 악센트가 강한 발음이 익숙하지 않았던 때라 무슨 말인지 알아듣지 못했다. 난 웃으면서 알았다고 하며 뒤를 돌았다. 머리를 마구 굴렸다.

'페퍼가 뭘까…, 내가 아는 단어 중에는 페이퍼랑 가장 가까운데? 그럼 종이와 가장 비슷한 게 뭐가 있지?'

순간 내 눈에 냅킨이 보였고, 하얗고 네모난 것이 딱 작은 페이퍼 같았다. 유레카! 이거구나 싶어 당당하게 웃으며 손님에게 냅킨을 가져다주었다. 손님은 황당하다는 듯 이게 뭐냐는 눈빛으로 나를 바라봤다. 이게 아니라는 걸 알고 쭈뼛쭈뼛 눈알을 굴리며 서 있으니 손님이 직접 일어났다. 나보다 두 배나 더 큰 덩치로 저벅저벅 주방으로 걸어가서 주방장에게 후추를 받아왔다. 나는 부끄러움에 얼굴이 사색이 되었다. 이 기본적인 걸 모르다니… 소금과 후추는 외국 식당에 가면 기본적으로 있는 것들인데 센스가 없던 나의 얼굴이 새빨개진 기억이 있다.

어느 날은 어학원에서 현지인 선생님들이 '디스거스팅'이라고 자신의 감정을 표현하는 대화를 엿들었다. 재미있는 표현이라고 생각했다. 그래서 난 브라질에서 온 친구에게 "너 참 디스커스팅하다"라고 말했다. 디스거스팅의 의미는 매우 부정적인 의미로 사람에게 쓰면 '밥맛없다' 혹은 '재수없다'라는 뜻이 된다. 기분 나빠하는 브라질 친구에게 미안하다고 사과를 했지만 친구는 이미 상처를 받았다. 영어를 잘하는 것처럼 보이고 싶어서 따라 했다가 괜히 친구 한 명을 잃고 말았다.

불안으로 지은 밥

영어가 늘지 않아 답답했다. 무식하게 들이대는 용기로 열심히 살았지만 뭔가 공허했다. 그 시절, 어린 나이에 해외를 나가는 것이 그리 어려운 것은 아니었지만 아무도 없는 타국에 혼자 가는 것은 큰 용기가 필요했다. 아르바이트를 하며 모은 돈으로 어학원을 등록해 야심차게 호주에 왔지만 조금씩 답답해지기 시작했다. 한국으로 돌아가면 무얼 할 수 있을까 하는 불안함, 호주에서 허무한 시간을 보내는 것 같은 답답함, 마음 나눌 친구들이 없는 외로움이 몰려왔다. 그때 공허한 나의 마음을 채워준 것은 음식이었다. 아무리 먹어도 살찌지 않는 나의 체질을 무기 삼아 먹는 것으로 하루 대부분의 시간을 보냈다.

주로 된장찌개와 계란찜, 각종 밑반찬으로 5첩 반상을 만들어 먹었다. 고기가 저렴한 호주에서 소고기와 돼지고기를 맘껏

083

구워 먹고 불고기와 제육볶음 등 한국요리를 만들어 먹었다. 간식으로는 떡볶이와 라면, 쫄면, 스파게티를 해 먹었다. 하루에 다섯 끼는 기본으로 먹었던 것 같다. 여러 사람들이 모인 쉐어하우스에서 내가 음식을 하면 구경하는 사람들과 같이 나누어 먹는 재미도 있었다. 특히 호주에 온 지 얼마 안 된 향수병이 생긴 사람들에게 음식을 해주면 엄마가 해준 맛 같다고 칭찬도 들었다. 그들의 힘든 타향살이로부터 온 가족에 대한 그리움을 채워주는 것 같아 뿌듯했다.

내가 많이 먹었던 이유는 사람들의 관심과 반응 때문이었다. 누가 봐도 말랐던 내가 음식을 많이 먹으니, 먹을 때마다 사람들이 신기하게 쳐다봤다. 마치 서커스에서 묘기를 부리는 사람을 보듯 입을 떡 벌리고 나를 쳐다봤다. 사람들의 놀라운 표정을 볼 때면 이건 마치 나만이 할 수 있는 장기 같았다. 나는 그런 사람들의 관심이 좋았다. 사람들의 시선을 조금이라도 더 받기 위해 배가 불러도 과식하는 습관이 생겼다. 목구멍까지 음식이 차올라야 배가 부르다고 인지했다. 그때 나는 사람들이 보여주는 관심을 내가 사랑받는 것이라고 착각했다. 먹을 때 내 위가 채워지면 내 안에 있는 공허함과 답답함도 채워지는 듯했다.

아마도 나는 첫 해외 생활이 몹시 불안했던 것 같다. 사실 호주를 가게 된 계기는 내가 아빠에게서 도망친 시기와 비슷하다.

이복동생이 7살 되던 해에 아빠는 또다시 이혼을 하셨다. 불안 정한 환경에 있는 동생을 나에게 봐 달라고 부탁했었다. 한 달에 백만 원을 줄 테니 알바를 그만두고 보모 역할을 해달라는 것이 었다. 모성애와 동정심에 잠시 흔들렸지만 24살에 아이를 돌보 는 보모라는 것을 받아들이기 힘들었다. 아빠의 부탁을 거절하 기 위해서는 핑계 댈 것이 필요했다. 그렇게 선택한 것이 해외 생 활이었다. 영어를 배우기 위해 갔다기보다는 현실에서 도망치고 싶던 마음이 컸다. 그래서였는지 모르겠다. 나의 불안함을 감추 기 위해 더 많이 먹었다. 하지만 아무리 먹어도 허한 마음은 도무 지 나아지질 않았다.

호주에 간 첫 8개월을 생각하면 불안함 속에서 아무것도 못 하던 시간이었다. 의미 없이 지나가는 일상이었다. 그냥 날이 밝 으니까 아침인 것이고 어두워지니까 밤인 것이다. 원초적인 동 물처럼 살았다. 배고프면 밥을 먹고 배부르면 누워 있었다. 돈이 없으면 아르바이트를 하러 갔다. 쉬는 날엔 어디서부터 온 건지 모르는 답답함과 불안함에 마구 휩싸여 아무도 보지 않는 곳에 서 혼자 울었다. 한창 무언가에 대한 도전과 성취감이 있을 시기 에 가슴을 뛰게 만드는 목표가 없었다. 아무 계획 없이 시간만 흘 려보내며 우울한 나를 잡아줄 그 누군가도 없었다. 이곳이 외롭 다고 울면서도 한국으로 돌아가면 까마득한 미래만 있을 것 같아 더 두려워졌다.

마음의 허기를 음식으로 채우는 것

실제로 많은 사람들이 삶이 불안할 때 살이 찐다고 한다. 먹을 때 행복감을 느끼고 그 행복감에 도취되어 음식에 중독되기 때문이다. 먹는 것이야말로 가장 빠르게 나에게 평안을 안겨준다. 그리고 지금 느끼는 부정적인 감정들을 잊게 해준다. 잠시 잊게 해주는 것으로 먹는 것이 최고의 방법이 될 수도 있다. 하지만 나처럼 남들의 시선과 관심을 사랑이라 착각하고, 보여주기 위해 많이 먹는 것은 어떠한 결과를 가져올까. 평생 살이 찌지 않을 거라고 호언장담했던 나에게 7킬로그램이 확 찌는 결과를 보여주었다.

혹시 과거의 나처럼 폭식과 과식으로 인해 체중이 급작스럽게 불어난다면, 현재 내 상황이 불안하지 않은지 생각해보면 좋을 것 같다. 무엇이 나를 이토록 불안하게 만들까. 음식에 대한 집착으로 내가 무언가로부터 도망가려는 건 아닐까. 과거에 대한 아쉬움, 미래에 대한 두려움 혹은 현재에 만족하지 못하고 있는 건 아닐지 생각해보자. 나는 이유도 모른 채 오랫동안 불안한 마음과 상황에 이끌려 살았다. 지금 생각해보니 그래도 그때 그러길 잘했다는 생각이 든다. 30대가 넘어가니 나도 조금만 방심

하면 옆구리와 허벅지에 지방이 쉽게 붙어난다. 불안함을 음식으로 채웠던 그때는 그래도 신진대사가 활발한 20대의 나이였으니 참 다행이다.

과거의 나는 살찌는 원인을 알아내는 데 실패했다. 하지만 급격히 체중이 불어난 시기 덕분에 현재를 건강하게 사는 방법을 알게 되었다. 과거의 불안정한 삶에서 벗어나는 방법은 몸과 마음을 돌봐주는 것이었다. 마음이 불안한 원인이 아빠로부터의 도망, 그리고 남들로부터 관심 받고 싶은 욕심이라는 것을 알고 인정해주었다. 그동안 좋지 않은 음식에 길들여진 입맛을 바꾸기 위해 탄수화물을 줄여보고 저염 식단도 해보았다. 다양한 건강 식단을 경험해보면서 내 몸에 맞는 식사법을 찾아갔다. 여러 방법들을 통해 깨우친 것은 하나였다. 내 몸과 마음의 주인은 나라는 사실이다. 무작정 먹고 싶은 것을 먹기보다는 내 몸과 마음이 왜 공허하고 불안한지 봐준다면 틀림없이 편안해지는 길이 보일 것이다.

유튜브에서는 먹방이 한창이다. 아직도 과거의 나를 기억하는 주변 사람들은 나에게 먹방을 해보지 않겠냐고 말한다. 난 여전히 무엇이든 맛있게, 그리고 잘 먹는다. 이제 나는 과거의 내가 왜 그렇게 먹을 것에 집착했는지 잘 알고 있다. 그래서 먹방 한번 해보라는 말을 들을 때면 왠지 쓸쓸해진다. 내 기쁨과 행복을 위해서가 아니라 남들의 만족과 관심을 위해 먹는 행위를 한다면 예전의 내가 생각나서 슬퍼질 것 같다.

~~~~~~

내 몸을 위한 마음챙김 ②

— 불안에서 비롯된 욕망을 돌아보자

지나치게 많은 잠을 잔다거나 배가 부른데도 음식을 먹는다면, 이런 욕망의 뿌리에는 불안이 숨어 있다. 하고 있는 공부가 마음 먹은 대로 잘 풀리지 않을 때, 지인의 결혼식에 가서 나 홀로 뒤처진 것 같은 느낌이 들 때, 동료가 나보다 더 많은 인정을 받을 때, 여러 상황에서 내 안에 도사리는 불안을 잘 살펴보자.

— 일찍 핀다고 예쁜 꽃은 아니다

너무 늦은 건 아닐까, 나는 안 되는 건 아닐까 하는 불안한 생각들이 나를 좀먹는다. 과연 일찍 핀다고 해서 그 꽃이 가장 예쁜 꽃일까. 조급해하며 불안하기보다는 나의 때를 기다려주자. 때로는 아무것도 할 수 없을 때가 있다. 그럴 때조차 나를 기다려주는 시간으로 삼고 스스로를 다독여보자.

— 불안을 덮지 말고 환기가 잘되는 곳에서 말려보자

불안한 마음을 감추거나 외면하기 시작하면, 나중에는 내 진짜 마음이 무엇이었는지 잊어버리게 된다. 내가 정말로 원하는 것은 무엇인지 알 수 없게 되어버린다. 불안을 젖은 옷이라고 생각하자. 솔직하게 꺼내놓고 불안이 잦아들고 보송보송하게 마를 시간을 주자.

나는 역시
안 되는 걸까?

"네가?"

한쪽 입꼬리만 올라간 그 얼굴을 잊지 못한다. 내가 가진 잠재력이 아닌 나의 외면만을 보고 나를 판단하는 사람들이 비웃을 때 짓는 표정이다. 그런 말을 들을 때마다 나도 모르게 자신감이 떨어지고 어깨가 축 처지는 건 어쩔 수 없는 일이다. 내가 과연 될 수 있을까. 나도 날 의심하기 시작한다.

#자존감(自尊感) 스스로 품위를 지키고 자기를 존중하는 마음.

자존감이 낮은 사람들에게 힘든 것은 주위환경이다. 주변 사람들의 말에 쉽게 흔들리고 자신을 다잡을 수 있는 정신적인 힘인 멘탈이 약하다. 내가 무언가를 하려고 하는데 주위에서 '넌 안 될 거야'라는 뉘앙스의 "네가? 그거 어려울 텐데" 하는 말을 들을 때가 있다. 자존감이 낮은 사람들은 '그래 난 안 될 거야' 하며 포기하게 된다. 만약 나를 낳아주고 키워준 부모님이 이런 말을 한다면 어떨까.

어려운 시대를 살아온 우리 부모님들에게는 부정적인 의식이 뿌리 깊게 박혀있다. 이는 대부분 그들의 부모에게서 내려져 온 것이다. 그러니까 우리의 할머니 세대이다. 여자들은 학교에 못 가고 일을 하며 애만 낳아야 했던 시절에 살았다. 식사할 때에도 남자랑 겸상하지 못하고 구석에서 식은 밥을 먹어야 했던 시절을 살아온 분들이다. 딸이었던 자신이 오빠나 남동생인 아들에 비해 부모에게 편애를 받았다. '넌 여자라서 안 돼, 하지 마' 같은 말을 많이 듣고 자랐다. 이러한 환경이 우리 엄마인 자식에게 전해져 나에게까지 온 것이다.

그들은 자신이 살아온 환경이 그랬기에 당연하게 자신의 능력을 과소평가하고, 부족하다고 느끼며, 안 될 것이라고 말하며 살아간다. 그런 의식은 자연스럽게 자식에게 전해진다. 자신이 하는 말들이 자식에게 어떠한 영향을 끼치는지 잘 알지 못한다. 어떻게 해야 자존감을 높여주는 것인지 방법을 모르는 것이다.

이것은 마치 나무의 뿌리 같다. 어렸을 적부터 부모나 선생님에게서 '넌 안 돼' 같은 말을 듣고 자라면 '난 안 될 거야'라는 의식이 현재에 강하게 남게 된다. 나 역시 엄마에게서 '안 된다'는 말을 듣고 자랐다. 내가 꼬마였을 때, 아빠는 나에게 '우리 딸은 미스코리아가 될 거야' 하며 밑도 끝도 없는 자신감을 불어넣어준 반면 상대적으로 엄마는 부정적인 말을 많이 하셨다.

오르지 못할 나무로 두지 않겠다

어느 날, 별다른 꿈 없이 아르바이트만 전전하다가 인터넷에 떠도는 광고를 보았다. 승무원 양성학원 광고였다. 화려한 광고 안에 유니폼을 입은 언니들이 멋져 보였다. 그 광고에 매혹되어 학원을 등록하고 온 날, 엄마가 나에게 말했다.

"넌 키도 작은데 무슨 승무원이 된다고 해. 힘들어. 포기해."

당시 국내 항공사 승무원의 키 조건이 162센티미터 이상이었고 내 키는 159센티미터였다. 엄마의 말을 들었을 때 몹시 서운했다.

'딸이 승무원이 되고 싶다는데 응원은커녕 힘 빠지는 소리를 하다니…'

엄마의 한마디에 흥미롭게 시작한 내 첫 번째 꿈을 향한 마음이 잠시 흔들렸다. 학원 등록비 또한 만만치 않았다. 아르바이트를 해서 번 돈인 130만 원을 고스란히 나를 위해 투자했다. 다행히도 첫 번째 꿈에 대한 벅차오르는 마음은 그 무엇보다 컸다. 엄마의 안 된다는 김빠지는 소리도, 비싼 학원비도 문제가 되지 않았다. 나는 승무원 양성학원에서 알려주는 대로 면접을 준비했다.

항공사가 좋아할 만한 답변의 영어 인터뷰를 준비했고 외모 관리법, 인사법, 서비스마인드를 배우는 등 승무원의 이미지를 만들어갔다. 그리고 각종 항공사의 지원 자격을 분석해서 내가 갈 수 있는 회사들을 선별했다. 우선적으로 키 작은 내가 갈 수 있는 항공사를 찾았다. 지원 자격에 순수하게 키를 보는 항공사가 있고 암리치를 보는 항공사가 있었다. 암리치는 팔을 뻗어 기내 머리 위 선반인 오버헤드빈에 팔이 닿으면 통과이다. 그 당시 기준이 208센티미터에서 220센티미터 정도였다.

그렇게 나는 키의 장벽이 낮은 국내와 외국 항공사 몇 곳에 지원을 했다. 항공사의 면접이 공채와 특채로 나눠지는데, 면접 기회가 생각보다 많지 않았다. 아랍이나 유럽 항공사처럼 대우가 좋은 곳은 기존의 한국 승무원들이 이미 많아서 신입 승무원을 자주 뽑지 않았기 때문이다. 또한 서류부터 체력, 외모, 서비스마인드를 평가하기 위해 적게는 4차에서 많게는 7차까지 면접 단계가 이어졌다. 이러한 이유로 승무원을 준비하는 데 보통 1년 안에 합격이면 꽤 잘한 수준이었다. 하지만 나는 나의 자존감을 떨어뜨리던 엄마에게 보여주듯, 취업준비 6개월 만에 보란 듯이 외국 항공사에 합격을 했다.

지쳐가는 마음을 격려해준 곱창

비교적 빠른 기간 안에 합격한 편이지만, 준비하는 기간인 6개월 동안 몹시 힘들었다. 열 번 넘게 면접에서 불합격을 할 때마다 낙담하고 자신감이 떨어지기를 반복했다. '과연 내가 될 수 있을까' 하는 의심이 올라왔다. 하루에도 수십 번씩 전직, 현직, 차직 승무원들이 모인 인터넷 카페에 들어갔다. 그곳에서 유용한 면접 정보를 알아내기도 했지만, 차직 승무원들끼리 서로의 힘든 마음을 위로해주는 글을 보는 일이 더 많았다.

나와 같은 상황에 있는 사람들의 글을 보면 나도 두려움이 올라왔다. '전 언제쯤 될 수 있을까요? 벌써 2년이 넘어가는데 점점 지쳐가네요' 라는 글의 주인공들처럼 되지 않을까. 막막한 미래에 가슴이 답답했다. 나보다 키 크고, 예쁘고, 영어도 원어민만큼 잘 하는 준비생들이 넘쳐나는데 과연 내가 될 수 있을까.

목표했던 일에 실패한 사람이 가슴을 열고 걸으며 떳떳하게 걷는 사람은 없듯 나 역시 그랬다. 승무원 준비생이던 기간 동안 나는 어깨가 축 처진 채 힘없이 걸어 다녔다. 아무리 머리에 뽕을 가득 넣고 스프레이로 반듯하게 그루밍을 해도 나는 승무원 준비생에 불과했다. 면접에 떨어지고 암담한 나날들이 계속되었다. 점점 무기력해지니 면접에 자신감도 떨어졌다. 특히 서류면접부터 떨어진 날에는 엄마의 말처럼 역시 키 때문인가 하는 생각도 들었다. 너무 막연한 목표에 매달리는 건 아닌가 하는 의구심 속에 좌절감도 올라왔다.

내가 면접에 떨어질 때마다 면접을 꾸준히 볼 수 있도록 해준 것은 힘내라는 응원도 아니었고 잘 될 거라는 확신도 아니었다. 솔직히 말하면 그런 말을 해준 사람이 단 한 명도 없었다. 연이은 탈락에도 꾸준히 면접을 보게 해 준 원동력은 바로, 곱창이었다. 그때 당시 내가 가장 좋아하는 음식이었다. 맛있는 것을 먹으면 순간적으로 기분이 좋아지고 혈색이 돈다. '다음엔 되겠지' 하는 격려의 말보다 기름지고 고소한 곱창 하나가 내 마음을 위로했다. 곱창을 먹는 순간에는 모든 것을 잊게 만들어주는 강력한 힘이 있었다.

사람의 마음을 기쁘게 하는 건 굉장히 단순한 것 같다. 어려서부터 지금까지 평생 즐겨 먹던 곱창이 없었다면 그 시기를 견디기 힘들었을 것이다. 아직도 내 혀가 기억한다. 6개월 동안 승무원을 준비하며 먹은 곱창이 내 평생 가장 맛있었던 곱창이라고 하면 내 마음이 표현이 될까? 주위에서 자존감에 상처 주는 말들을 할 때 그로 인해 스스로 자신감이 떨어질 때마다 나에게 위안을 준 것은 단연 내가 가장 좋아하는 음식이었다.

만약 엄마가 안 될 거라며 포기하라고 했을 때, 꿈을 접었다면 나는 지금 무엇을 하고 있을까? 실제로 나와 같이 항공사 면접을 준비하던 친구들은 두 분류로 나뉘었다. 끝까지 준비해서 4년 만에 승무원이 된 친구가 있는가 하면 중간에 포기하고 10년이 지난 지금까지 그때 조금 더 해볼 걸 후회를 하는 친구들이 있다. 포기한 친구들은 미련을 가지고 살아간다. 그리고 현재 몸담은 직업에 만족하지 못한다.

부모조차 나를 모른다

지금 생각해보면 남들이 하는 말들은 그들의 생각일 뿐이었다. 그들의 인생에 뿌리 깊게 박힌 그들의 삶의 방식이다. 우리는 인생에서 수많은 사람들을 만난다. 그러나 그 사람들이 나를 얼마나 잘 알까? 나를 낳아준 부모님도 나를 잘 모르는데 말이다. 그 외에 언니, 오빠, 애인, 친구, 동료, 선생님 등 아무리 가깝다고 생각해도 나는 내가 제일 잘 안다. 나의 능력은 나만이 알고 있고 결과는 부딪혀봐야 아는 것이다.

내가 승무원을 준비할 때, 힘들 거라고 했던 사람은 비단 우리 엄마뿐이 아니었다. 사촌들, 친구들까지 비슷한 반응이었다. 심지어 내가 합격하고도 "그 항공사는 별로 어렵지 않나 봐?"라는 소리를 들을 만큼 내 주변은 나를 축하해주기보다 냉소적인 환경이었다. 승무원을 그만둘 때는 "어렵게 들어간 항공사를 왜 그만두니. 결혼하고 그만둬라. 안 그래도 나이도 찼는데"라는 걱정을 한 몸에 받았다. 여자는 서른이 넘으면 꺾인다는 말, 직장을 그만두면 몸값이 떨어진다는 말이 들려왔다. 나를 보여지는 것으로 평가하는 사람들의 반응에 적대감이 올라오곤 했다.

이런 소리들을 듣다 보면 알게 된다. 사람이 사람에게 가장 큰 상처를 준다는 것을 말이다. 그것도 주변에서 나를 가장 잘 안다고 생각했던 사람이 상처를 주면 가뜩이나 불안한 마음이 더욱 세게 동요된다. 내가 승무원이 되기 위해 준비하고 그만둘 때까지 느낀 것이 있다. 이 세상에서 나를 가장 잘 아는 것은 나뿐이라는 것이다. 지금 내가 무엇을 하고 싶고 무엇을 할 수 있는지 또한 지금까지 살아온 길에서 내가 얼마나 힘들었는지, 그 과정에서 무엇을 배웠고 노력했는지는 내가 가장 잘 알고 있다.

그러니 나에 대해 넌 안 될 거라고 말할 수 있는 사람도 나 자신뿐이다. 너 이것밖에 못하냐며 비판할 사람도 나 자신이며, 그동안 수고했다고 토닥거릴 수 있는 사람도 나 자신이다. 만약 내 가슴을 뛰게 하는 무언가를 만났다면 미련 없이 도전해보면 어떨까. 하다가 내가 더 이상 노력할 자신이 없고 힘들 것 같으면 그때 포기하면 된다. 놓아버리는 것 또한 나 스스로가 결정할 수 있는 일이다. 나의 잠재력과 가치를 모르는 주변 사람의 말에 이끌려가지 않고 이제 나 스스로 나를 평가할 수 있는 삶을 살아가면 좋겠다.

내 몸을 위한 마음챙김 ③

— **자존감을 건드리는 말을 구분하자**

조언은 어디까지나 타인의 자존감을 존중해주는 선에서 이루어져야 한다. 친한 친구나 가까운 사람들이 나를 위한다는 명목으로 건네는 말로 나의 자존감을 흔들거나 훼손된 적은 없는지 살펴보자. 내 안에 있는 고귀한 자존감은 나만이 지키고 아껴줄 수 있다.

— **나를 가치 있는 사람으로 대접하자**

현명한 사람은 자신을 위로할 줄 안다. 나를 위로할 수 있는 건 무엇일까. 유난히 기운이 없는 날 혹은 내가 바라던 일이 잘 안되었을 때 나는 잠을 푹 자거나 집중이 잘되는 영화 한 편을 본다. 내 기분이 처지는 순간에 빠지지 않기 위해 노력한다. 인생은 내 마음처럼 되지 않을 때가 훨씬 많다. 그렇지만 그렇다고 해서 상황에 휘둘려 나의 가치를 낮게 평가하지 말자.

— **상처를 내면화하지 말고 상대의 관점에서 해석해보자**

누군가가 건넨 뼈가 있는 말로 마음이 힘들 때, 나를 탓하거나 무작정 연민하지 말고 상대의 관점에서 그가 왜 그런 말을 했는지 생각해보자. 그런 말들을 하고 다니는 사람의 세상은 그렇게 행복하지 않을 가능성이 높다. 휘말리지 말고 상대의 관점에서 살펴보자.

결국 인생이
다 그런 거지

남자와 이별을 할 때마다 마음에는 큰 상처가 생긴
다. 상처받기 두려운 나를 방어하기 위해서일까? 내
위는 늘 전투태세이다. 어느 샌가 음식이 들어가면
위가 돌처럼 딱딱하게 굳어 버린다. 좋아하는 커피
도 술도 이제는 먹지 말라고 신호를 보낸다. 맛있는
것을 먹는 재미까지 사라지니 내 삶은 더욱 우울해져
간다. 우울한 마음과 딱딱한 위는 서로 닮아 있는 듯
하다.

#우울(憂鬱) 근심스럽거나 답답하여 활기가 없음.

나는 20살 이후로 쭉 만성 위염으로 고
생을 했다. 정기적으로 내시경을 받을 때마다 치료를 위해 6주치
약을 복용할 정도로 위 상태는 좋지 않았다. 나는 과식을 즐겨했
고 한때는 와인에 중독인 일상이 있었으니 위염이 없었다면 이
상할 정도인 생활이었다. 특히 밤낮없이 일하는 승무원이라는
직업 때문에 몸의 균형이 깨지는 것은 당연했다. 게다가 나는 아
주 안 좋은 습관이 있었다. 음식을 먹고 바로 눕는 것이었다.
　일주일에 두 번 정도 밤에 비행을 가는 일정이 있었다. 밤 11

시에 출발이라 낮에 잠을 자두어야 다음 날 아침까지 말짱하게 눈을 뜨고 일을 할 수 있었다. 밤에 비행이 있을 때 낮잠을 잘 자기 위해 내가 만든 습관은 점심을 먹고 바로 자는 것이다. 점심을 먹고 오후 2~3시쯤 침대에 누우면 잠이 솔솔 쏟아진다. 3~4시간 정도 자고 가뿐하게 일어나면 마치 하루를 다시 시작한 것처럼 좋은 컨디션으로 저녁에 출근을 할 수 있다.

이 생활을 반복하던 승무원 5년 차쯤, 위 상태는 극도로 나빠졌다. 처음에는 가볍게 넘겼다. 늘 있는 일이었으니까 약을 먹으면 나아지겠지 생각했다. 병원에 가는 것도 이미 일상이었다. 위염이 심하게 올 때면 일주일 정도 죽이나 맑은 음식을 먹으며 지내면 되었다. 위염 회복 기간에는 삼계죽을 먹을 수 있는 단골 식당이 정해져 있을 정도로 아픈 생활이 익숙한 나였다. 이렇게 위통을 무시하며 지내던 어느 날, 위염으로 가장 괴로웠을 때가 생각난다.

이별이 부른 식도염

처음엔 위가 쓰리기 시작하더니, 음식을 먹고 나면 위가 돌처럼 딱딱하게 굳어졌다. 배를 누르면 주먹 크기만 한 돌을 만질 수 있었다. 게다가 역류성 식도염이 찾아와서 음식뿐 아니라 물 한 잔도 넘기지 못하게 되었다. 물을 마시면 구역질이 나서 토할 것 같았다. 이틀 동안 아무것도 먹지 못하다가 비행을 가려고 억지로 먹은 초코 크로와상 하나가 3일 내내 먹은 음식의 전부일 때가 있었다.

사실 그때 나는 좋아하는 사람과 이별을 했다. 이별의 후유증이 지독한 위염에 시달리게 만들었던 것 같다. 이별을 하고 우울한 마음에 입맛도 없었지만, 역류성 식도염 때문에 음식을 목구멍으로 넘기지 못했다.

14살에 혼자가 된 이후, 나는 모든 사람에게 마음을 주었다. 동성이든 이성이든 혼자보단 누군가와 함께 있는 것을 좋아했다. 시골에서 할머니와 지낼 때, 명절 때면 식구들이 우르르 몰려와 한꺼번에 떠나곤 했다. 6남매 모두 사이가 좋았던지라 다 모이면 동네가 떠나갈 정도로 시끌벅적했다. 그렇게 며칠을 보내고 마당에 꽉 차던 차들이 하나둘씩 없어지고 새소리와 바람 소리만 남은 빈 마당을 바라보는 시간이 싫었다. 허허벌판에 또다시 나만 덩그러니 혼자가 된 기분이었다.

'구멍 난 가슴에~'

백지영의 총 맞은 것처럼 이라는 노래에 나오는 가사를 크게 공감한다. 내가 그 가사를 썼다고 말할 수 있을 정도로 가슴에 구멍이 났다는 말이 무슨 느낌인지 정확하게 느낄 수 있다. 심장이 시리다 못해 뻥 하고 뚫려 가슴 안에 아무것도 없는 황망한 마음이 든다. 그렇지 않아도 혼자 있으면 외로움에 우울해하는 내가 이별을 하면 얼마나 힘들었을까. 그 누구보다 가까운 사이라고 생각하고 의지했던 남자친구와의 이별은 나에게 가슴에 총을 맞은 듯한 기분을 안겨주었다.

그때 사귀던 남자친구는 홀로 여행하는 것을 좋아했다. 자유로운 남자친구를 이해해주지 못했던 나는 서운한 마음에 삐치기를 반복했다. 그런 나를 보고 생각할 시간을 갖자던 남자친구는 내게 이별을 통보했다. 그때 나는 철부지 어린아이 같았다. 상대방에게 나의 상황이나 기분을 설명하거나 이해시키지 못했다. 나조차도 내가 왜 그러는지 몰랐으니 말이다.

연인에게 무조건 바라기만 했다. 내 감정을 알아서 맞춰달라고 떼쓰는 꼬마 아이 같았다. 남자와 이별할 때마다 비교하는 마음이 올라왔다. 남들은 1년의 연애가 쉬워 보이고 5년, 10년 연애도 하는데 나는 왜 이렇게 잘 안 될까, 뭐가 문제일까. 나를 좋아해주는 사람을 다시는 만나지 못할 거라는 불안감과 또 실패했다는 생각에 자책했다. 난 안 되는구나. 다시 혼자가 되었구나.

런던 거리는 위안을 주지 못하고

혼자인 나를 견딜 수 없었다. 휴가를 내고 무작정 런던으로 여행을 떠났다. 한 번도 가보지 않은 런던에 아무 계획도 없이 비행기 표만 들고 갔다. 낯선 환경에 있으면 우울할 겨를이 없을 거라 생각했다. 하지만 언제라도 비가 쏟아질 것 같은 런던의 우중충한 날씨와 나의 감정은 서로 닮아 있었다. 비틀즈처럼 멋지게 횡단보도를 걷는 게 아니라 눈물을 질질 짜며 홀로 걷던 런던의 거리였다. 누가 봐도 막 이별한 동양 여자애였다.

슬픈 감정을 주체하지 못해 처량하게 며칠을 울었다. 런던의 하늘처럼 내 눈물이 마를 순간이 없었다. 하루에도 수십 번 연락을 하던 그가, 보고 싶다고 안달이 나서 점심시간에 달려오던 그가 하루아침에 사라졌다. 나를 챙겨주고 아껴주던 그가 없어졌다. 나는 또다시 시골에 남겨져 마당을 쓸쓸히 바라보는 14살 아이가 되었다.

이별을 하고 난 뒤면 끊임없이 자책을 했다. 내가 왜 그랬을까. 조금 더 이해해주었다면 그가 나를 떠나지 않았을 텐데. 배려 없는 나의 행동이 그를 얼마나 힘들게 했으면 떠났을까. 후회와 자책으로 며칠을 보내면서 되돌릴 수 없는 날들을 반성했다. 반성의 날들이 계속될수록 우울은 더욱 더 깊어졌다. 불쑥불쑥 튀어나오던 14살의 외로운 아이는 이별이란 바람이 휩쓸고 간 무대 위에서 더욱 크게 울었다. 나는 이별의 슬픔을 떨쳐버리려고 런던에 갔으나, 보기 좋게 실패했다. 이별의 후유증은 나를 더욱 외롭게 만들었고 자책, 후회, 우울의 감정은 음식을 거부하게 했다.

위염을 한 번이라도 겪어본 사람은 알겠지만 위가 비면 속에서 쓴물이 나온다. 그래서 내 가방 안에는 항상 간식이 들어있었다. 몇 년간 양배추즙을 복용했고 위에 좋다는 각종 영양제는 다 먹어봤다. 몸이 좋지 않아 고생했던 그때 아픈 내 몸을 스스로 챙기느라 힘들었는데, 사람들의 눈치까지 보니 서러웠다. 짜거나 매운 음식은 당연히 먹지 못해, 메뉴 선택에 늘 제약이 많았기 때문이다. 이렇게 사람들의 눈치까지 보느라 위가 항상 긴장했다. 안 그래도 불편한 속은 우울이란 감정 때문에 더욱 깊이 병들게 되었다.

밖에서 위로를 찾는 일을 멈추다

나는 우울할 때마다 누군가의 위로가 필요했다. 지인들이 있는 단체 카톡방에서 늘 징징대기 바빴다. '나 우울해 외로워'라는 말을 마치 인사말처럼 했다. 그때마다 자기가 더 힘들다고 내 말을 딱 잘라내던 친구가 떠올려진다. 친구는 내 말을 들어주기는커녕 자신이 더 힘들다며 대화를 이끌어 갔다. 회사에서 같이 일하는 팀장이 오늘은 어떠한 일로 자신을 화나게 했는지, 내가 마치 그 회사에 다니는 것처럼 자세하게 설명하며 분노를 쏟아냈다. 내 우울한 마음은 더욱 깊어지기만 했다.

그때 난 느꼈다. 다른 사람들에게 외롭다고 말하고 기댈수록 더욱 그 외로움이 커진다는 걸 알게 되었다. 나를 위로해주길 바라던 기대감은 무너지고 더 큰 실망감과 고독감이 나를 찾아왔다. 내 마음을 들어주는 사람이 필요했던 것뿐인데 그것이 마음대로 되지 않아 힘들었다. 사람들은 자신의 일로도 이미 벅차게 힘이 들어 남의 이야기를 들어줄 마음의 여유가 없는 것 같다. 내가 위로를 받는 것보다 서로 누가 더 힘든지 불행 배틀을 하면 오히려 쉬울 것처럼 보였다.

나는 누군가가 내 마음을 들어주길 원했다. 하지만 내가 슬프고 힘들다고 말할 때 그저 아무 말 없이 들어주는 사람을 찾기 무척 힘들었다. 아니 아예 없었던 것 같다. 어느 날 문득 거울을 보다가 내가 참 안쓰럽다는 생각이 들었다. 왜 이렇게 힘들게 사는 건지. 스스로 한심하고 불쌍했다. 나는 나의 이름을 불렀다.

'미라야 괜찮니…?'

홀로 대화를 시작했다. 내가 왜 슬픈지, 왜 외로운 감정을 느꼈는지, 왜 그토록 우울한지 거울을 보고 대화했다. 말하지 않아도 내 가슴에서 무언가가 울부짖는 것을 느낄 수 있었다. 나는 슬며시 내 오른손으로 왼손을 잡아 괜찮다고 말해주었다. 기분이 이상했다. 분명 내 의지대로 움직였지만 왼손 손등 위의 느낌은 다른 사람이 위로해주는 것처럼 따스했다. 내 심장이 마시멜로처럼 말랑말랑해졌다. 그리고 딱딱한 위도 점점 부드러워 지는 듯했다.

나는 내 마음을 따스하게 안아주었다. 그리고 이 정도면 잘 살고 있다고 칭찬도 해주었다. 외로운 마음이 들 때마다 구멍이 났던 나의 가슴은 이제 나를 가장 잘 아는 사람의 위로로 채워지고 있다. 그 사람은 언제나 내 곁에서 귀를 열고 손을 내어준다.

내 몸을 위한 마음챙김 ④

─ 공감이 능사는 아니다

혼자라는 생각에 무턱대고 사람을 찾으면 더욱 우울해질 수 있다. 사람으로 해결하려고 하기보다 모든 상황과 침체된 마음이 언젠가는 지나갈 거라는 생각으로 멀리 내다보자. 비가 오면 땅이 젖지만 땅은 곧 마르기도 한다.

─ 잘 우는 것도 약이다

혼자서 소리를 내어 펑펑 운다는 것은 생각보다 어려운 일이다. 슬픔이 딱딱하게 굳어서 도무지 눈물조차 나오지 않는다면 나에게 눈물을 흘릴 수 있는 시간과 여유를 주자. 바쁘다는 이유로, 이제 어른이라는 생각으로 메마른 마음속에는 분명 눈물이 한가득 찰랑대고 있을 것이다. 한바탕 쏟아내고 개운함을 느껴보자.

─ 소소한 것들부터 시작하자

온몸이 마비된 것 같은 우울이 찾아오면 잠시 쥐가 났다는 생각을 해보자. 피가 통하지 않아 다리에 쥐가 났을 때 단번에 감각이 돌아오기란 쉽지 않다. 마음도 한 번에 좋아지지 않는다. 음악 듣기, 걷기, 커피 향 맡기 등 소소한 행위들부터 시작하자. 분명 아무 것도 하지 않는 것보다 마음이 편안해짐을 경험할 것이다.

내가 더 아픈데,
배부른 소리 하네

요가 수업 때 쓰는 소도구 중 하나인 동그란 나무 블록이 있다. 엎드린 채로 눈썹 주위를 왔다갔다 눌러서 마사지를 해주면 그렇게 시원할 수가 없다. 얼굴의 작은 근육들이 얼마나 뭉쳐 있었는지 느낄 수 있다. 이마에 푹 패인 주름이 싫어 보톡스를 맞거나 혹은 지방 이식을 알아보기도 한다. 그동안 얼마나 인상을 썼으면 주름이 졌을까. 영혼의 창이라고 표현되는 눈은 왜 이리도 의심과 적대감으로 가득한지 모르겠다.

#시기(猜忌) 남이 잘되는 것을 샘하여 미워함.

"이 유튜버 봐봐. 영상 하나로 대박 나서 월에 몇천만 원을 번대."

"내 친구 주식으로 대박 났대. 나도 대박 나고 싶다."

"난 힘들어 죽겠는데 저 사람은 뭐가 좋다고 매일 웃고 다녀."

"왜 저 사람은 하는 일마다 잘되지?"

사람들은 끊임없이 비교하고 나보다 잘 되는 사람을 향해 시기와 질투를 한다.

　나도 한 때는 시기와 질투가 가득했던 날들이 있었다. 20대 초반, 대학등록금을 내주시는 아빠를 돕기 위해 다양한 아르바이트를 하면서 지냈다. 학교 근처 중국집에서 일할 때는 친구들이 나를 짜장순이라고 불렀다. 한겨울 영하의 날씨에 주유소에서 와이퍼를 팔며 차 유리를 닦아주던 때도 있었다. 그 외에 꼼장어 가게, 커피숍, 나레이터 모델, 마트 판매원, 스카프 판매 등 여러 가지 일을 했다. 나의 대학생 시절은 낮에는 학교, 저녁에는 아르바이트로 채워졌다. 밤에는 술에 취한 새엄마에게 시달렸다. 주말에는 어린 이복동생을 돌보며 새엄마에게 자유를 주어야 했다.

온전히 위로가 될 수 없었던 시간

　홀로 지냈던 학창시절을 지나 아르바이트를 하면서 아무 꿈도 없이 살아가던 어느 날이었다. 나의 힘든 마음을 어루만져 주던 책이 있었다. 지금은 고인이 되신 장영희 교수님의 《내 생애 단 한 번》이라는 책이다. 인생의 여러 시련이 오겠지만 너도 나처럼 잘 극복해낼 거라는 응원의 메시지가 담겨 있었다.

　이 책의 내용은 어렸을 때 소아마비 1급 장애를 앓고 목발에 의지한 채 병마와 싸우는 교수님의 자전적인 이야기로 채워져 있어 내 마음에 큰 위로가 되었다. 책 이외에도 〈샘터〉에 연재된 글과 인터뷰에 실린 교수님의 글들에는 따뜻한 메시지가 담겨 있었다. 나는 교수님의 글을 보면서 대단한 분이라 생각하며 존경심에 눈물도 흘렸다. 하지만 책을 보는 동안 한편에는 이런 생각이 치고 올라왔다.

'뭐야 공부하러 미국까지 갔어? 아빠가 교수네. 그 시절에 이 정도 학벌이면 엄청 잘 살았겠지. 뭐? 아빠가 미국으로 등록금이랑 생활비도 보내줬다고? 아빠가 돈이 많으시네. 나도 그 정도 가정환경이라면 소원이 없겠다. 나는 한겨울에 밖에서 벌벌 떨며 와이퍼를 팔고 있는데 뭐가 그렇게 힘들다는 걸까? 배부른 소리 하고 있네.'

나는 내 상황이 더 불쌍하다며 치기 어린 자기 연민에 빠졌다. 나도 당신 같은 조건이었으면 당신만큼은 해냈을 거라는 변명과 삐뚤어진 마음으로 책을 읽었다. 그렇다. 나는 교수님을 시기했다.

이처럼 한 번도 만나보지 못한 사람에게까지 우리는 시기와 질투를 한다. 나와 비슷한 출발선에 있는 사람들과 비교해도 안 될 판에 자신이 잘 알지도 못하는 연예인, 성공한 사람들과 나를 비교하는 것은 얼토당토않은 일이다. 지금 생각하면 나는 홀로 외로웠던 학창 시절과 불안정한 가정환경의 아픔을 들키지 않으려고 더 치열하게 살아왔다. 안정된 가정에서 자란 친구들과 나를 비교하면서 불우한 환경의 티가 나지 않도록 노력하곤 했다.

흥미로운 사실은 그때의 내 얼굴을 사진을 통해 보면, 참 무섭도록 강렬하다는 것이다. 두 눈썹은 몹시 위로 올라가 있고 눈빛은 차가웠으며 얼굴은 굳어 있었다. 누가 말 걸기가 무섭게 화가 난 인상을 가지고 있었다. 그때 당시 내 인상이 센 편이라고 느낀 건 항공사에 근무할 때였다.

내가 일했던 첫 직장인 항공사는 외국 항공사였다. 한국행 비행을 할 때면 항상 두 명의 한국인 승무원이 통역과 서비스를 담당했다. 그럴 때면 유독 나보다는 다른 한국 승무원 동료를 많이 찾았다. 나와 같이 일하는 동료가 '왜 나만 찾는 거야. 내가 그리 만만한가' 하며 투덜거릴 때 알아차렸다. 아무래도 내 인상 덕분이 아닌가 싶다. 그다지 친절하지 않아 보이는 센 이미지의 인상 덕분에 일을 덜 할 수 있었다.

센 언니의 마음은

인상을 세게 만드는 건 무엇이었을까. 앞서 말했던 것처럼 시기와 질투에서 오는 마음이지 않을까. 누구와 비교하다 보면 남들에게 지고 싶지 않은 마음이 올라온다. 그런 마음이 얼굴에 고스란히 담겨지는 것 같다. 핑계라고 해도 좋지만, 사회가 나를 그렇게 만들었다. 어렸을 적부터 숫자 하나에 나의 자아가 만들어진다고 해도 과언이 아니다. 달리기 몇 등, 수학 몇 점, 키는 몇 번째 등등.

내가 다녔던, 반이 세 개뿐이었던 전라도의 고등학교에서는 나머지반이 있을 정도로 우열을 대놓고 가렸다. 물론 공부에 뒤처지는 학생들을 더 잘 이끌어주기 위함인 것은 알고 있다. 하지만 학생들을 성적으로 나누는 것은 그들을 장점이 아닌 오로지 성적순으로만 대하는 것 같아 안타까운 일이다. 너희를 바라보는 사회의 잣대가 이러하니 지금부터 공부를 해야 성공한다는 메시지를 끊임없이 주고 있다. 이렇게 우리는 어렸을 적부터 비교를 당한다. 키는 몇 번째로 큰지, 체력장은 몇 등급인지, 성적은 몇 등인지에 따라 각 분야별 숫자에 나의 존재가 정해지는 듯하다.

교육 방식과 시기에 따라 다르겠지만 분명 태어나서부터 남들과 나 스스로를 비교하지는 않았을 것이다. 내가 좋아하는 게 무엇인지 집중할 수 있던 순수한 시절에 대해 생각하니 얼마 전에 들은 조카에 관한 이야기가 생각난다. 내게 다섯 살 난 사촌 조카가 있다. 사촌 언니가 사는 곳은 용인인데, 용인 중에서도 특히 잘사는 사람들이 많은 지역이었다.

조카가 다니는 유치원에 등, 하원을 할 때면 엄마들이 차를 끌고 온다. 잘 사는 부모들답게 고급 외제차들이 줄지어 늘어선다. 내가 꿈에 그리는 그런 차들 말이다. 반면에 사촌 언니는 국산 차 중에서도 저렴한 경차를 끌었다. 문이 옆으로 열리는 레고를 닮은 네모난 차이다. 어느 날은 조카가 친구들과 헤어지면서 사촌 언니의 차를 자랑했다고 한다.

"이것 봐! 우리 엄마 차는 옆으로 열린다. 멋지지?" 했더니 "우와~"하면서 아이들이 일제히 사촌 언니 차를 타고 싶다고 떼를 썼다고 한다. 정말 웃기고도 슬픈 일이었다고 말하는 언니의 말에 나도 덩달아 피식하고 웃었다. 아이들의 순수함은 언제나 어른들에게 깨달음을 준다.

조카와 같은 순수한 마음으로 바라보면 좋으련만 이제 나는 아무런 잣대 없이 세상을 바라보는 것은 어려운 나이가 되었다. 그래서 나는 비교하는 기준이 나보다 잘사는 혹은 잘하는 남이 아니라 나로 돌리는 연습을 하고 있다. 남들이 무슨 차를 타고 다니는지 보기 전에 현재 내가 가진 차로 갈 수 있는 곳과 내 차가 있음에 편안함을 떠올리면 더없이 내 차가 소중해진다. 내가 지금 가지고 있는 것을 위해 과거에 했던 노력과 현재에 받는 혜택을 생각하니 내 상황에 만족하고 나를 칭찬할 수 있게 되었다.

113

눈썹의 곡선은 바뀔 수 있다

과거에는 누군가에게 인정받고 싶어서 시기와 질투를 했다. 그 안에서 끊임없는 비교가 일어났다. 경쟁 구도의 사회에서 남들에게 지지 않으려고 애쓰는 날이 많았다. 그런 마음이 고스란히 내 얼굴에서 보여졌다. 눈빛은 온기 하나 없이 차갑고, 웃을 때도 진솔하기보다는 억지로 웃는 상업적인 미소가 어렸다. 마음이 시키는 게 아닌 자본이 시키는 미소였다. 누구에게도 지지 않으려고 치켜 올라간 눈썹은 무엇을 말하고 싶었을까. 항상 방어적이고 거부감이 일어나던 과거의 힘들었던 내가 생각난다.

지금의 나는 여전히 진한 이목구비를 가졌지만, 인상이 세다는 말은 듣지 않는다. 예전보다 훨씬 온화하고 편안해진 나의 마음이 얼굴에 조금씩 심어지고 있는 것 같다. 이처럼 과거의 내 얼굴과 현재의 내 얼굴을 비교해보는 것처럼, 이제 나는 나와 나를 비교한다. 나의 어제와 오늘을 바라본다. 그리고 매일 밤 나의 엉덩이를 토닥여주며 말한다. 오늘 잘살았다고, 그리고 내일도 잘해보자고 분명 잘될 거라고 토닥여준다. 그 토닥거림에 어찌나 기분이 좋아지는지 모른다.

내 몸을 위한 마음챙김 ⑤

— **내가 부러워하는 그 사람도 완벽하지 않다**

그야말로 남 부러울 것이 없어 보이는 사람을 보면 우리는 그가 가진 행복을 지나치게 이상화하느라 정작 나의 처지를 비관적으로 생각하게 된다. 그러나 우리는 불완전한 사람들이고 각기 나름의 아쉬움이 있다. 부러움의 대상을 바로 보자.

— **비교하는 마음의 기반은 생각보다 단단하지 않다**

살아온 과거가 다르고 살아갈 날들이 다른 두 사람의 인생을 놓고 단순 비교를 한다는 것은 무척 어려운 일이다. 나에게는 없지만 누군가에게는 있는 것만을 보지 말고, 누군가에게 없는 것이 나에게 있다는 것을 잊지 말자.

— **나는 혼자라는 사실은 굉장한 위로가 될 수 있다**

세상에 똑같이 생긴데다가 경험마저도 같은 또 하나의 나는 존재하지 않는다. 혼자라는 사실에 때로는 외롭기도 하지만, 오로지 나 같은 사람은 나 혼자라는 것이 넓은 세상에서 나를 특별하게 만드는 요인이 되기도 한다. 나는 이 세상에 단 하나뿐인 소중한 사람이다.

실수하면 안 되는데,
잘해야 되는데

두 엉덩이를 꽉 조인다. 아무리 항문에 힘을 주고 안 간힘을 써 봐도 나의 능력 밖의 일이다. 이건 우주에 맡길 수밖에 없다. 뿌지직 바지가 무거워진다. 인생을 살면서 내 마음대로 안 될 때가 수없이 많이 있지만, 생리현상은 정말 최악 중에 최악이다.

#긴장(緊張) 마음을 조이고 정신을 바짝 차림.

나는 일 년에 한 번씩 세탁기 청소를 한다. 세제 투입구에 곰팡이가 생기고 세탁한 옷에서 냄새가 난다면 세탁하고 남은 물이 세탁기 안에서 오염되었다는 증거이다. 보통은 청소 용액을 넣고 내가 스스로 했는데, TV에서 용액 쓰는 것이 좋지 않다는 이야기를 듣고 이번에는 청소업체에 맡기기로 했다. 오전 9시경 젊고 키 큰 남자가 세탁기 청소를 해주러 왔다. 세탁기를 분리하는 작업과 청소하는 작업이 2시간 정도 소요된다고 했다.

청소를 하는 동안 내 방에서 할 일을 하고 있는데 갑자기 배가 살살 아팠다. 분리된 세탁기를 청소하느라 화장실을 쓰고 있는 상황이었다. 처음에는 버텨보려 했다. 이런 일이 한두 번 있는 일이 아니었기에 침착하게 대처했다. 조금만 참으면 어느샌가 폭풍 같은 느낌은 사라진다. 하지만 그 날은 달랐다. 전날 밤에 먹은 닭발이 너무 강력했다. 매운 양념 때문에 내 배는 난리가 났다. 얼굴이 노래졌다. 할 수 있는 만큼 항문을 조여 봤지만 새어 나올 것 같았다.

식은땀이 났다. 내 눈에 휴지통이 보였다. 방문을 잠그고 휴지통에 쌀까 생각을 했지만 너무도 굴욕적이었다. 아직 이성이 남아 있었다. 머리를 굴렸다. 집 근처에 화장실을 쓸 만한 곳이 어디인가. 가장 가까운 곳은 편의점뿐이었다. 일하는 사람이 쓰는 화장실이 분명 있겠지 하고 편의점으로 달려갔다. 이성을 부여잡고 음료 하나를 사고 계산하며 화장실의 위치를 물었다. 이런… 화장실이 없다고 했다. 나는 다급한 상황을 설명했다. 하지만 그는 정말 없다고 했다. 이럴 거면 조금 더 걸어가서 커피숍으로 갈걸. 마음은 급하고 배 안에서 쓰나미가 몰려왔다. 금방이라도 찔끔하고 나올 것만 같았다. 커피숍까지 걸어갈 상황이 아니었다. 난 잠시 먼 산을 바라보았다. 항문을 힘껏 조이다가 잠잠해진 틈을 타서 다시 집으로 왔다.

집 앞 쓰레기를 버리는 곳에 하수구가 보였다. 당장 바지를 내리고 쭈그려 앉고 싶었다. 아, 우리나라에는 왜 이리 CCTV가

많은 걸까. 원망스러웠다. 편의점을 왔다 갔다 하는 길에 얼마나 많이 기도했는지 모른다. 이 세상에 있는 모든 신들을 소환하며 기도드렸다. 결국 해결하지 못하고 다시 내 방에서 쭈그려 누워 화장실이 비워지기를 간절히 기도했다. 그날, 닭발의 후유증은 너무도 강렬했다.

똥쟁이의 사정

당장 생사가 갈리는 전쟁 같은 느낌은 나에게 어린 시절을 생각나게 했다. 어렸을 때부터 과민성 대장 증후군으로 고생했다. 초등학교 때부터 지금까지 가장 친한 친구는 나와의 추억을 떠올리면 휴지 가져다 준 기억밖에 없다고 했다. 어렸을 적 나는 주목받는 걸 몹시 힘들어했었다. 수업 시간에 내 이름이 불리면 친구들이 일제히 나를 쳐다본다. 얼굴이 홍당무가 될 뿐만 아니라 온몸의 털이 쭈뼛 선다. 무언가를 발표하거나 장기자랑을 할 때 급격히 찾아오는 생리적 현상 때문에 곤란한 적이 많았다. 예민한 방광과 장의 활동으로 나는 화장실로 달려가야 했다. 그럴 때면 늘 나를 따라와 옆에서 휴지를 챙겨주던 친구가 참 고마웠다. 짓궂은 친구들은 나를 똥쟁이라고 부르기도 했다.

똥쟁이인 나는 유치원 때까지 길거리에서 용변을 본 기억이 있다. 초등학생 때는 조금 컸다고 부끄러움을 알았다. 길거리에

싸지 않았다. 아무도 모르게 바지에 싸면서 집까지 걸어온 일이 다반사였다. 고학년 때까지 그랬다는 건 나만 아는 비밀이다. 내겐 어쩔 수 없는 일이었다. 시도 때도 없이 찾아오는 대장의 예민함은 내겐 일상이었다. 성인이 된 이후에도 여전했다. 긴장과 불안감의 날들로 힘들었던 예전의 기억들이 떠오른다.

화장실이 준 선물

가장 긴장이 심했던 자리를 생각하니, 승무원 면접을 볼 때였다. 승무원은 외적인 요소를 많이 보는 직업이었기 때문에 면접을 볼 때마다 메이크업샵에 가서 머리와 화장을 돈 주고 받아야 했다. 그 날도 여전히 잔머리 하나 보이지 않도록 머리에 스프레이를 뿌리고 화장을 했다. 몸에 쫙 달라붙는 스커트에 실크 블라우스를 입었다. 키가 커 보이기 위하여 굽이 9센티미터나 되는 힐을 신었다. 그 날은 4차 면접인 다대다 그룹면접이었고 내 이름이 불리우기만을 대기실에서 기다렸다.

다대다 면접이라 남들과 비교가 되는 자리였다. 나는 유난히 긴장을 했고 아니나 다를까 급똥의 신호가 왔다. 기운이 없으면 자신감 없어 보일까 봐 새벽에 먹은 샌드위치가 강력한 신호를 보냈다. 혹시나 하는 상황에 물도 안 마시고 버텼는데 배에서는 꿀렁꿀렁 신호가 왔다. 다리가 예뻐 보이려고 신은 압박 스타

킹은 그날따라 나의 아랫배를 더욱 조여왔다.

그때, 내 이름이 불려졌다. 항문을 있는 힘껏 조이고 깊게 심호흡을 했다. 일어나서 면접실로 향했다. 면접관들이 항공사의 유니폼을 입은 면접자의 모습을 그리기 위해 서 있는 자세로 면접을 진행했다. 마음이 엄숙한 면접실 분위기에 집중했던 덕분인지 다행히 위험한 빨간 불은 잠시 멈추었다. 이윽고 내 차례에서 질문이 왔다. 뻔한 질문이었다.

"우리가 왜 당신을 뽑아야 하죠?"

영어를 잘한다는 둥 서비스 마인드가 투철하다는 둥 괜찮은 대답을 많이 준비했지만 그날 내 머릿속엔 온통 화장실, 화장실뿐이었다. 그래서 대답한 것이 화장실이었다.

"화장실입니다. 화장실."

갑자기 화장실이 불쑥 나와 버렸다. 아뿔싸 진땀이 났다. 나는 화장실에 대해 생각했다. 갑자기 호주에서 화장실 청소를 하던 내가 생각났다. 긴장한 것을 들키지 않으려 큰 목소리로 쩌렁쩌렁 말했다.

"저는 화장실 청소를 잘합니다. 호주에서 룸메이드로 일했습니다. 그때, 화장실 청소했던 경력을 이용하여 동료들이 꺼려하는 화장실을 제가 맡아 청소하도록 하겠습니다."

순간 면접관들과 지원자들 사이에서 빵빵 웃음이 터졌다.

그룹의 분위기가 중요했던 다대다 면접에서 우리 팀은 경쾌하게 면접을 이어갔다. 입사하고 몇 년 후에 회사 이사님께 들은 얘기로는 그 날 내 성격이 좋아보여서 마지막 인터뷰까지 합격을 시켰다고 했다. 이처럼 화장실은 여러모로 내게 고마운 존재이다. 면접도 붙게 해주고 과민성 대장 증후군을 해결해주는 꼭 필요한 것이었다.

내 인생에서 화장실을 빼놓는다면 수많은 에피소드들을 잃는 것이다. 사람들의 말 중 가장 이해하기 힘든 것이 있다. 밖에 나가면 용변을 참는다는 것이다. 여름방학에 시골 할머니 댁에 놀러 가거나, 회사 연수로 며칠 동안 외부에서 잘 때 혹은 해외여행을 가면 낯선 환경에서 용변을 보지 못한다는 것이다.

'참는다고? 어떻게? 난 참을래야 참을 수가 없는데.'

참고 싶은 게 소원인 순간들이 너무도 많아 힘든 나날들이었다. 특히 긴장과 압박감, 안 되면 어쩌지 하는 불안감이 생길 때 더욱 심해졌다. 다른 이들의 경우를 보면 보통 손톱을 뜯는다거나, 양손을 꼼지락거리며 가만히 두질 못한다거나, 상대방의 눈을 쳐다보지 못한다거나, 목소리가 떨린다거나 등등 다양한 행동이 나온다. 하지만 나는 대장이 요란하게 춤을 춘다. 마치 예전에 관종이었던 나와 같았다. 사람들 앞에서 주목을 받아야만 사랑받는다고 느꼈고 외로움을 참을 수 있었던 그때의 나. 그런 나처럼 나의 장도 관심 좀 달라고 요동쳤던 건 아닐까?

예민한 대장과 잘 지내기

글을 쓰는 지금 솔직히 나의 대장이 완벽히 편해졌다고 말할 수 없다. 명상으로 마음을 치유하고 운동으로 몸이 건강해졌지만 여전히 내 대장은 예민하다. 지금은 예전에 비해서 70퍼센트 정도 나아졌다. 매운 음식, 아이스 커피, 우유, 기름진 곱창 같은 걸 먹으면 예전에는 한 시간 이내로 배를 붙잡고 화장실로 달려가야 했다. 하지만 지금은 다음 날 아침에 가는 정도로 바뀌었다. 이것조차 내겐 기적과도 같은 일이다. 이제야 비로소 남들과 비슷하게 생활을 할 수 있다는 이야기이다.

나는 태어날 때부터 화장실에 자주 가는 것을 당연하게 생각했다. 여름에는 늘 탈수현상이 일어날 정도로 배탈이 자주 났고, 남들이 모두 효과를 봤다는 유산균과 한약도 소용이 없었다. 이런 내가 과민성 대장 증후군을 극복하게 된 비결은 마음을 편하게 먹는 것이었다. 예민한 대장 때문에 내가 예민한 성격인 건지, 스트레스를 잘 받는 내 성격 때문에 대장이 요동친 건지 모르겠다. 중요한 것은 지금 내가 편안해졌다는 것이다.

아직도 먹는 것 때문에 장이 예민해진 것은 어쩔 수 없는 일이지만 긴장하는 마음은 훨씬 줄었다. 이제 내 마음이 불안해서 급똥이 찾아오는 경우는 없어졌다. 친구들 앞에서 하는 장기자랑에도 소변을 찔끔 쌀 만큼 두려워하던 내가 지금은 여러 명 앞에서 강의를 하는 것이 직업인 사람이 되었으니 말이다. 닭발 덕분에 오랜만에 전쟁을 치루고 보니 새삼 편안한 장이 고마워진다.

내 몸을 위한 마음챙김 ⑥

─ 긴장하는 마음속 욕심을 내려놓자

적당한 긴장감은 활력을 주지만 지나친 욕심에서 비롯된 긴장은 내 몸과 마음의 밸런스를 무너뜨린다. 한 번에 완벽하게 해내려는 마음보다 솔직하고 당당하게 내가 준비한 만큼의 성과를 거두기로 해보자.

─ 최악의 상황이라고 해도 그리 나쁘지 않다

지금의 긴장감 속에는 두려움도 숨어 있다. 그러나 최악의 상황을 가정해보면 그 상황이 생각만큼 나를 비참하게 무너뜨리지 않는다는 것을 알게 된다. 그럼에도 불구하고 나는 계속 나아갈 것이라는 생각으로 임해보자.

― 실수는 귀여운 거라고 생각하자

지나치게 맑은 물에는 물고기가 없다. 작은 실수는 인간미를 더해주는 귀여운 일이라는 낙천적인 생각도 때로는 필요하다. 나를 몰아세우는 대신, 그럴 수도 있다고 다독여주자. 완벽해지려는 마음을 내려놓자.

거슬려,
모든 게 다 거슬려

한 달에 한 번 홀로 전쟁을 겪는다. 여자로서 어쩔 수 없는 전쟁이라지만, 같은 여자라도 사람에 따라서 이 고통을 모른다는 것이 나를 더욱 힘들게 한다. 인생에서 가장 불공평한 것이 있다면 바로 생리통이다. 안 그래도 아픈 몸을 이끌고 사는 나를 예민하고 날카로운 여자로 만드는 나쁜 생리통은 매달 나를 괴롭게 한다.

#예민(銳敏) 자극에 대한 반응이나 감각이 지나치게 날카로운 상태.

자카르타에서 살 때, 값싼 중국제 제품으로 염색을 잘못해서 머릿결이 크게 상한 적이 있다. 빗질도 못할 만큼 머리카락이 푸석해져서 큰 스트레스였다. 그때 이후로 염색은 절대 하지 않는다. 머릿결을 건강하게 관리하기 위해 정기적으로 영양 클리닉을 받은 지 벌써 9년째이고, 같은 미용실에 다닌다. 영양을 할 때는 3단계의 과정이 있어서 제품을 바를 때마다 샴푸를 해야 한다. 보통 머리를 감겨줄 때는 메인 디자이너가 아닌 일을 배우고 있는 보조 디자이너분이 감겨주신다.

머리카락이 긴 여자들은 머리를 감고 말리는 것이 여간 팔이 아프고 번거로운 일이 아니다. 다른 사람이 머리를 감겨주는 것이 얼마나 편안한지 아는 내 친구는 종종 5천 원을 내고 미용실에 가서 머리를 감을 때도 있다. 하지만 내게는 다른 세상 이야기로 들린다. 나는 누군가가 내 머리를 만지는 일을 어떻게 해서든 피하고 싶다. 몸이 예민해서 낯선 사람이 내 몸에 손을 대면 온몸의 감각들이 쭈뼛 하고 살아나기 때문이다. 샴푸를 할 때, 얼굴에 물이 튀지 않게 막아주는 페이스 커버를 씌우면 앞이 보이지 않아 더욱 내 몸의 예민함이 커진다. 특히 그 날, 어떤 보조 디자이너를 만나느냐에 따라 내 몸의 긴장도가 달라진다.

손이 거칠거나 숙련되지 않은 보조디자이너를 만나면 내 목이나 귀 뒤로 물이 넘어간다. 물 몇 방울이 주욱 내 목을 타고 흐르면 목부터 허리까지 찌릿하게 전기에 감전이 된 듯하고 온몸의 근육이 경직되어 굳는다. 반면에 어떤 디자이너는 실수할까 싶어 지나치게 조심스러운 손길로 내 머리를 감긴다. 그럴 때면 손가락의 압력이 너무 약해서 마치 강아지풀이 내 목 뒤를 간질이는 듯 소름 끼치는 느낌이 난다. 손가락 압력의 세기가 정말 중요한 일인데, 그 적당함을 아는 분을 만나기가 하늘에 별 따기다.

머리를 감겨주는 손이 내 목 뒤나 귀 주변으로 오면 어깨가 요동치고 척추뼈 하나하나가 조약돌처럼 딱딱하게 굳는다. 발가

락을 꼼지락거리면서 애써 그 감각을 무시하려 해봐도 기분 나쁜 간질거림과 언제 어디로 올지 모르는 손가락의 공포로 내 몸 전체가 불에 구워지는 반 건조 오징어처럼 뒤틀린다. 그러니 미용실에 가는 날은 내게 곤욕이 아닐 수가 없다. 누군가는 머리를 만지는 느낌이 편안해 잠까지 잔다고 하는데 나는 전혀 그렇지 못하다.

예민한 사람의 숙명

몸뿐만 아니라 남들보다 민감한 성격을 타고났다. 갓난아기일 때부터 나는 엄마 등 뒤에만 업혀있었다고 한다. 누가 나를 만지면 빼액 하고 소리를 질렀고 엄마 등에서 나를 내려놓으면 그렇게 세상 떠나갈 듯 울었다고 한다. 그래서 아직도 친척 어른들은 나를 '보릿까시래기'라고 부른다. 이렇게 태어난 것도 억울한데, 주변에서 늘 까칠하다는 말을 듣고 살았다. 그래서일까. 유난히 민감한 성격 탓에 사소한 일에도 스트레스를 많이 받았다. 매일 매일이 스트레스의 연속이었다.

만병의 근원이 스트레스라고 하는데, 그래서 내가 그토록 아팠나 보다. 어렸을 땐 코피를 달고 살았다. 어린 시절 사진을 보면 사진의 반 이상이 내 코에 휴지가 꽂혀 있을 정도였다. 성인이 되어서도 몸 여기저기가 자주 고장이 났다. 다른 아픔은 간헐적으로 찾아왔지만, 내 생에 가장 고통스러웠던 것은 바로 정기적으로 찾아오는 생리통이었다.

생리를 시작한 이후로 아파본 날들보다 안 아픈 날들이 더 적다. 소파를 붙잡고 뒹굴며 학교에 못 갈 정도로 생리통이 심했다. 언제나 내 가방엔 초록색 타원형의 흡수 빠른 액체형 진통제가 필수로 들어있었다. 실제로 1년에 한 번씩 기절할 정도로 몸이 안 좋았다. 어느 날은 엘리베이터에서 주저앉아 일어나지 못해 아파트 경비원이 나를 집까지 데려다주었고, 헬스장에 운동하러 갔다가 샤워실 입구 의자에 쭈그리고 누워 한 시간을 쓰러져 일어나지 못한 적도 있었다.

승무원 시절에는 남들 다 일하는 식사 서빙 시간에 생리통이 너무 심해 고통스러운 적이 있었다. 4시간에 한 알씩 먹는 약을 두 알이나 먹고도 진정되지 않았다. 식은땀은 내 등을 다 적셨고 숨을 쉬기조차 힘들었다. 마치 전생에 나에게 죽임을 당한 원수가 내 허리를 두 동강 내려고 칼로 자르는 통증이 밀려왔다. 허리를 펼 수 없어 동료들이 일할 때 나는 벙커에서 두 시간을 누워있었다. 그 날 비행이 끝난 후 브리핑을 할 때, 나한테 일하기 싫어 꾀병 부린 것 아니냐는 동료의 시기 어린 의심이 있었다. 그럴 때면 몸뿐 아니라 마음마저 힘들어지곤 했다.

인터넷에 떠도는 이미지 중에는 골반 뼈 안에 공룡이 울부

짓는 사진이 있다. 그만큼 아프다는 것을 보여준 여자들의 마음을 대변한 것이다. 골반 안에 공룡뿐인가, 정말 심한 생리통은 출산하는 고통과도 맞먹는다는 연구 결과도 있다. 출산은 그 고통이 일반적으로 수치화되어 있고 소중한 생명의 탄생이라는 멋진 의미가 있다. 하지만 나처럼 만성 생리통으로 아픈 사람은 일하기 싫어 저러는 거 아니냐는 욕을 먹기 딱 좋았고, 생리통을 경험하지 못한 나와 같은 성별의 여자들조차 이해하지 못하는 서러운 통증이었다. 생리통은 이처럼 아프고도 욕을 먹어야 하는 정신적인 고통까지 더해진다.

털어놓을 곳은 병원밖에 없다. 하지만 효과적인 치료법을 들어봤는가? 화학 성분인 약에 의존한 것뿐이었다. 값비싼 한약과 호르몬에 좋은 영양제도 도움 되지 않았다. 내가 힘들어할 때면 우리 엄마는 늘 말했다.

"애 낳으면 없어져."

하지만 그런 엄마의 말은 본인이 그랬으니 너도 그럴 것이라는 근거 없는 추측과 빨리 결혼했으면 좋겠다는 엄마의 염원이 들어있을 뿐이었다.

특히 나는 생리 전 증후군이 몹시 심해서 어느 날 아침 눈을 뜨면 죽고 싶다는 마음이 올라왔고 이유 없이 눈물이 났으며 모든 게 짜증이 났다. 내가 살아있는 게 싫었다. 물을 마시려고 컵을 잡으면 나한테 손가락이 있는 것도 싫을 정도로 눈에 보이는 전부가 싫었다.

누가 내 마음을 이해할까? 나 자신도 이런 내가 당황스럽고, 아무도 날 이해하지 못한다는 마음에 불안감과 우울은 더욱 심해졌다. 허리는 끊어질 것처럼 아프고, 골반은 빠질 것 같았고, 아랫배는 누군가가 송곳으로 수도 없이 찔러댔다. 생리를 시작하고 꼬박 10년이 넘도록 몸과 마음이 서러운 세월을 보냈다.

그토록 극심했던 생리통은 어디로 갔을까

현재 내가 운동 강사와 명상 지도자가 되고 가장 만족하는 것이 바로 누구보다 심했던 생리통이 사라진 것이다. 이제는 생리를 하는지도 모르게 지나간다. 내겐 정말 기적과도 같은 일이다. 지긋지긋한 생리통의 치료법은 틀어진 몸의 정렬을 바로 잡아준 것도 효과를 봤지만, 스트레스를 낮춘 것이 크게 도움이 되었다. 나처럼 태어날 때부터 타고나게 예민한 사람들도 스트레스를 완화시키면 생리통으로부터 편안해질 수 있다는 것을 알게 되었다.

생리통이 심한 사람들 대부분은 나처럼 예민하고 민감한 성격을 가진 것 같다. 하지만 예민하다는 것이 꼭 나쁜 것만은 아닐 때도 있었다. 현재 나는 사람들의 몸과 마음을 건강하게 만들어주는 일을 업으로 삼고 있다. 전문직이기도 서비스직이기도 한 나의 직업은 과거의 예민했던 나의 성격이 무척 도움이 되고 있다. 내 몸이 예민한 만큼 남들에게 조금 더 친절하고 배려 깊을 수밖에 없기 때문이다.

누군가 아프다면 얼마나 그 고통이 심한지 알고 있으니 충분히 쉬라고 배려해줄 수 있다. 에어컨 온도의 1도 차이에도 춥거나 덥진 않은지 신경 써서 물어봐 줄 수 있다. 같이 있는 사람이 인상이라도 찌푸리면 '어디 불편해요?' 하고 챙겨줄 줄 알게 되었다. 예민하다는 것은 글쎄, 지금 생각해보면 꼭 나쁘지만은 않은 것 같다. 남들보다 좀 더 배려 깊은 사람이 될 수 있는 것 같다.

과거의 내가 일상에서 마주치는 모든 것이 스트레스였던 만큼 마음과 몸이 불편해지던 일이 많았다. 이것들이 쌓이면 생리통뿐 아니라 많은 질병들이 올 수 있다는 것을 뼈저리게 느낄 수 있었다. 이로부터 몸과 마음의 건강 유지가 정말 중요하다는 것을 깨달았다. 기회만 된다면 나처럼 생리전증후군과 생리통으로 힘든 분들을 만나 골반의 어느 부분이 틀어졌는지 언제 스트레스를 받는지 일일이 만나서 도와주고 싶은 생각이 간절하다.

내 몸을 위한 마음챙김 ⑦

— ## 기분이 아니라 감각에 집중하자

편두통, 메슥거림, 신경통 등 다양한 몸의 통증이 마음과 시너지를 일으키면 신경질과 짜증, 한숨이 밀려온다. 예민해지고 기분이 나빠진다. 그러나 기분이 아니라 감각에 집중하자. 지금 내가 불편한 곳이 어디인지 내 몸과 마음을 살펴보자.

— ## 놓치고 있는 부분을 생각해보자

예민하다는 것은 상대적 개념이고, 상태에 따라 언제든지 변할 수 있다. 나보다 예민한 사람 앞에서 나는 선이 굵은 사람이 되기도 하고 때로는 둔한 사람이 되기도 한다. '나는 예민해'라는 생각에 매몰되기보다 '나는 지금 예민한 상태야' 하고 스스로를 다독여보자.

— ## 예민한 사람의 세상을 긍정하자

후각이 예민한 사람은 상한 음식을 금방 알아차려 조심할 수 있다. 예민하다는 것은 나와 타인을 특별히 세심하게 챙기고 배려할 수 있는 능력과도 통한다. 예민한 사람들의 사려 깊은 세상을 긍정해보자.

난 왜 이렇게
바보 같을까?

내가 좋아했던 한 남자의 바람. 그의 얼굴을 떠올리면 피가 거꾸로 솟는다. 사랑을 이용해 사람을 농락한 그를 용서할 수가 없다. 쓰레기는 쓰레기통에 버리라지만, 아무리 냄새가 나도 내 손에 움켜쥐고 버리기가 쉽지 않다. 한 번의 상처는 보란 듯이 나를 잡아먹고 더욱 커져 몇 년째 잠을 이루지 못하게 한다. **#분노(憤怒)** 분개하여 몹시 성을 냄. 또는 그렇게 내는 성.

잠 못 이루는 밤…. 마치 〈로미오와 줄리엣〉 속 세상에 나올 법한 가슴 아련한 밤이 아니다. 자고 싶어도 못 자는 불면증을 겪는 현대인에게는 너무도 힘든 밤이다. 나는 스무 살 후반쯤 지독한 불면증을 겪었다. 내가 좋아하던 남자와 이별했던 날이 그 시작이었다. 한창 나쁜 남자를 좋아할 때였다. 무심하면서도 가끔씩 챙겨주는 그가 멋져 보였다. 주변에서 그는 별로 좋은 사람이 아니라고 만류해도 나는 소신이 있었다. 지금 생각하면 소신이 아니라 멍청한 고집이었다.

그 남자의 생일날, 나는 비행으로 외국에 있었다. 생일을 옆에서 챙겨주지 못해 미안한 마음이 들어 문자를 보냈다. 그 날 새벽, 그 남자의 휴대폰으로 연락이 왔다.

'지금 오빠는 내 옆에서 자고 있는데 당신 누구세요?'

이름 모를 그녀는 내가 아는 그 남자와 결혼을 약속한 사이라고 했다. 사귄 지 일 년이 넘어가는 나를 두고 다른 여자와 결혼을 한다니. 몇 달 전에 내 앞에서 무릎을 꿇고 결혼하자고 하던 남자는 누구일까. 그 여자와 나. 누가 바람을 피우는 상대인지 분간이 안 갈 정도였다.

한참 시간이 흐르고 난 뒤, 그의 지인에게서 늘은 얘기로 둘은 직장 동료 사이라고 했다. 내가 비행을 나갈 때마다 그 여자와 데이트를 했던 것이다. 그리고 그 여자가 내 존재를 알게 되었을 땐, 그 남자는 나를 본인을 따라다니는 스토커라고 했다고 한다. 거짓말을 밥 먹듯 하고 여자를 밝히던 그 남자는 결국 다른 여자와 바람이 났다. 바람이 났다는 사실을 알았을 때, 나의 분노는 극에 달했다. 사귈 때에도 연락이 잘 되지 않아 내 마음을 새까맣게 태우며 고생을 시키던 그였다. 24시간 거짓말을 한다는 것을 알고 있었지만 난 미련하게 모든 걸 받아주었다.

수면을 포기한 몸

나는 4일간 잠을 못 잤다. 사람이 이래도 되나 싶을 정도였다. 잠을 자고 싶었지만 도통 잘 수가 없었다. 잠을 자려고 누우면 내 앞에서 거짓말을 하던 그 남자의 비열하고 악랄한 표정이 생각났다.

'속으로 얼마나 나를 가볍게 생각했을까. 내가 그의 거짓말에 속을 때마다 얼마나 재미있었을까.'

그 생각들을 잊으려고 눈을 감으면 그 남자와 그 여자가 데이트하는 장면들이 생각났다. 히히 호호 하는 모습이 떠올라 마구 화가 났다.

잊으려 할수록 괴로운 생각들이 더욱 끊임없이 일어났다. 그 생각들은 분노로 변했고, 분노는 충동적인 행동을 상상하게 만들었다. 그 남자의 차를 부숴버리고, 집에 가서 불을 지르고 싶은 충동이 일어났다. 상상이 커질수록 마음에 큰불이 났다. 불이 더 크게 옮겨 붙는 듯 분노가 크게 차올랐다. 그를 믿은 것보다 그가 괜찮은 사람이라고 믿은 내 자신에게 실망했다. 뻔뻔하게 거짓말을 하던 그를 떠올리면 살인이라도 할 수 있을 것 같았다. 4일 동안 한숨도 못 잤던 내 몸은 각종 자양강장제와 커피를 마시지 않으면 버틸 수가 없었다.

5일째가 되던 날, 나는 잠자기를 포기해버렸다. 불을 끄고 누워 있으면 이상한 상상들로 괴로움이 더했기 때문이다. TV를 보고 책을 봤다. 아예 잠을 자지 않았다. 아침이 되면 비행을 갔다. 일을 할 때 눈이 떨리고 뼈가 삭는 기분이었다. 잠을 못 자는 그 기분은 경험해본 사람만이 알 것 같다. 머리는 멍하고 몸은 붕 뜬 상태 같았다. 마치 마약을 하면 이런 기분일까? 커다란 풍선 안에 내가 들어있고 그 풍선이 나를 둥둥거리며 움직여 이동하는 느낌이었다. 움직이는 것도 말하는 것도 내가 아니었다. 내가 내가 아니었다. 사람이 사람이 아니었다.

그렇게 일주일 정도 불면증으로 고생했다. 그 이후로 작은 고민이라도 생기면 불면증은 간헐적으로 찾아왔다. 불을 끄고 침대에 누우면 조각조각 흩어져 있던 작은 고민들이 나를 찾아왔다. 낮에는 없던 과거 기억의 조각들과 미래에 대한 걱정들이 한꺼번에 나를 찾아와 괴롭게 했다. 그 생각에 이끌려 상상의 나래를 펼치다 보면 어느새 나의 의식은 더 또렷해진다. 몇 번 불면증을 겪고 나니, 어느 날은 잠을 자려고 누우면 '또 잠 못 자겠네' 하는 불안함이 확 느껴지기도 한다. 불면증이란 녀석은 싸한 느낌으로 그렇게 종종 나를 뒤덮었다.

그렇지 않아도 밤낮없이 일하는 승무원이라는 직업 탓에 잠자는 게 불규칙한데, 불면증에 걸리면 답이 없었다. 나는 허브차를 마셔보기도 하고 몸을 피곤하게 만드는 고강도 운동도 해보았지만 별로 효과를 보지 못했다. 분노가 쌓인 그때의 기억이 습관으로 남아 정신이 훨씬 더 나를 크게 지배했기 때문이다. 그 이후로 불면증이 오면 과감하게 잠을 포기했다. '잠 안 잔다고 죽겠어?'라는 생각으로 오히려 보이지 않는 괴로움과 맞서 싸웠다.

유튜브 알고리즘이 가져다준 평화

그러던 어느 날, 나는 유튜브에서 불면증에 좋은 음악을 찾게 되었다. 잔잔한 음악 몇 개는 나를 편안하게 해주었다. 점점 이런 종류의 음악을 찾게 되니 유튜브가 알고리즘을 통해 그와 비슷한 영상을 틀어주었다. 자연의 소리가 흘러나왔다. 물소리, 새소리로 마음이 좀 더 안정을 찾았다. 그 영상이 끝나니 다음 영상이 자동 재생되었다. 한 남자가 낮은 중저음으로 마음에 대해서 이야기했다.

그는 차분한 음성으로 마음이 불안한 근본적인 이유에 대해 강의를 해주었다. 그 이유를 들으니 어둠 속에 갇혀 있던 나에게 아침 햇살의 빛이 온몸으로 비춰지는 듯했다. 가슴이 따뜻해지는 걸 느꼈다. 그리고 머릿속으로는 '오잉? 정치, 경제도 아니고 마음이라는 걸 공부한다니' 하고 신기했다. 종교라고는 어렸을 적 친구 손에 이끌려서 갔던 달란트 시장밖에 기억하지 못하는 나였다. 이런 게 종교의 힘인가 생각했다. 하지만 그것은 법문도 성경 구절도 아니었다. 마음이 어떻게 움직이는지 현대적으로 해석한 강의였다.

그때부터 나는 명상을 하기 시작했다. 마음이 차분해지는 방법은 자신의 마음을 알아차리는 것이었다. 내가 그 남자와 이별하며 느꼈던 감정은 집착이었다. 연애에 실패했다는 것을 인정하지 않았다. 또한 내 자신에게 실망감이 너무도 컸다. 그 남자의 나쁜 행동을 알아차리지 못한 아쉬움과 헛된 시간을 보낸 것 같은 후회가 밀려왔기 때문이다. 이 모든 감정들이 과거에 대해 집착하게 만들었다. 과거에 집착하니 현재에 아무것도 못하는 스스로가 원망스러웠다. 말 그대로 악순환인 것이다. 과거에서 벗어나지 못하고 생각에 얽매여 있으니 현재에서 잠을 자지 못했던 것이었다.

내가 생각의 늪에서 벗어나지 못했던 수많은 밤, 그 생각을 없애려 할수록 더 큰 생각의 파도가 몰려왔다. 그럴 때 나는 두 가지를 질문했다. 이 생각이 미래를 위한 건설적인 생각인가 쓸데없는 걱정인가?

미래에 대한 건설적인 생각일 경우 자려고 하지 말고 일어났다. 내일 할 일에 대해서 아이디어가 생각났거나, 무언가를 해야 하는데 불안하다면 일기장에 글로 적었다. 내게는 매일 밤 일기를 쓰는 습관이 있다. 혼자가 된 14살부터였으니 꽤 오래되었다. 일기로 하루를 정리하고 내일 할 일은 포스트잇에 적었다. 예를 들어 미용실 예약 날짜 바꾸기, 냉장고에 있는 음식 유통기한 전에 먹기, 생일인 친구에게 선물 보내기, 문화센터 강의계획서 보내기 등등 작은 일부터 업무에 관련된 중요한 내용까지 전부 적는다. 매일 체크리스트를 적으면 할 일이 정리가 되어 미래에 대한 걱정이 사라진다. 게다가 내일을 잘 보낼 거라는 자신감마저 생긴다.

마음에서 몸으로, 몸에서 마음으로

나를 잠 못 들게 하는 것들이 과거에 대한 후회나 집착일 경우에는 몸을 움직였다. 부정적인 생각은 부정적인 생각을 낳는다. 몸을 움직일 때 우리의 뇌는 생각을 멈추고 움직이는 몸에 집중하게 되어 있다. 아주 짧은 5분이라도 요가나 스트레칭으로 몸을 움직였다. 나에게는 고강도 운동보다는 호흡에 집중할 수 있는 요가가 가장 효과적이었다. 당장 숨을 어떻게 들이쉬고 내쉬는지 집중해야 하고 손동작 발동작 하나에도 주위를 기울여야 한다. 그러다 보면 어느새 나를 괴롭히던 생각들은 잔잔해지고 고요해졌다. 신경이 흐르는 척추 주변을 순환시켜주니 잠이 잘 오는 것은 물론 다음 날 아침 컨디션도 좋아졌다. 나는 요즘 물구나무서기와 비슷한 동작인 머리서기를 즐겨한다. 아주 짧지만 집중하는 힘을 만들어주고 마음도 편안해진다.

내가 명상을 몰랐을 때 나는 언제나 감정에 이끌려 살았다. 불면증을 겪었던 그날들처럼, 생각을 없애려고 할수록 더 큰 괴로움이 몰려왔다. 아마도 그때 내 마음이 나를 제발 살려달라고 울부짖었던 것 같다. 내가 내 힘든 마음을 부정하려 하면 할수록 그 고통은 더했기 때문이다. 복잡한 생각들은 수많은 감정들을 만들어내면서 한꺼번에 나를 공격했다. 나 여기 있다고 일제히 손을 들고 나에게 다가왔다. 나를 인정하기 전에는 잠을 재우지 않을 거라고 협박하듯 나를 괴롭혔다.

이제는 나의 마음에 무엇이 올라오든 모든 것을 인정해주고 있다. 부러움, 외로움, 두려움, 불안감, 분노 등 어떠한 감정이 와도 인정해주는 법을 연습하고 있다. 내 기억 속 평생 지워지지 않는 나쁜 놈을 만난 그때, 나를 탓하는 게 아니라 나의 실패와 아픔을 인정해주었다면 아픔의 크기가 조금은 덜했을 것 같다.

이제는 내 마음이 아프고 힘든 이유를 알고 나니 내 마음의 주인이 될 수 있게 되었다. 지금 잠을 못 자는 이유는 분명 내 마음에 불안한 감정이 있기 때문이다. 잠을 제대로 자지 못하면 매우 힘들다. 일상은 물론 건강마저 위협하는 고통이다. 그러니 지금 당장 자신만의 방법을 찾아 몸과 마음에 평안을 찾았으면 좋겠다.

— **삭이면 커지고 누르면 튀어나온다**

분노는 도무지 납득할 수 없는 상황에 대한 후폭풍과도 같다. 생각에 생각이 꼬리를 물고 후회와 자책을 낳는다. 상처가 덧나면 얼마간의 고통 끝에 간지러워지면서 새 살이 돋는 것처럼, 분노의 시간 동안 내 안의 불순물들이 들끓고 있다는 것을 자각해보자. 성급하게 삭이거나 누르려 하지 말고 가만히 내 아픈 마음을 기다려주자.

— **화풀이가 아니라 화를 풀어내보자**

141

갈피를 잡지 못하는 마음은 희생양을 찾아 헤매기 쉽다. 때로는 엉뚱한 이에게 화풀이를 할 수도 있고, 분노의 화살이 나를 향하게 될 수도 있다. 그럴 때 나는 내 마음의 주인이 아니라 내 마음의 친구라는 마음으로 마음이 하는 말을 들어주자. 생각에서 벗어날 수 있는 유일한 방법은 생각을 벗으로 삼는 일이다.

— **분노는 자연스러운 감정이다**

화산이 폭발하는 것을 두고 무모하고 어리석다고 할 수 없는 것처럼 우리에게 시시때때로 닥치는 분노라는 감정 역시 마찬가지로 자연스러운 내 몸과 마음의 반응이라고 생각해보자. 분노를 부정하는 대신, 분노의 에너지가 잘 승화될 수 있는 활동들을 찾아보자.

지금 나
무시하는 건가?

부모님 얘기가 나올 때마다 나는 결핍감을 느낀다. 가슴에 돌덩이라도 얹힌 듯 꽉 막힌다. 불편하다. 될 수 있다면 나의 이야기를 숨기고 싶기 때문이다. 비밀 일기장처럼 자물쇠를 꽉 채우고 서랍 안쪽에 깊숙하게 숨긴다. 하지만 이상하게도 숨길수록 내 마음은 더욱 초조하고 불안해진다.

#결핍(缺乏) 있어야 할 것이 없어지거나 모자람

얼마 전 백화점 문화센터에서 내 수업을 듣는 회원 중 한 분과 식사를 했다. 내 수업을 일 년 정도 들은 데다가, 내 수업으로 인해 요가를 처음 접하게 되었고 볼 때마다 나를 딸처럼 예쁘다고 칭찬해주시는 어머님이셨다. 내게 식사를 대접하고 싶다고 여러 번 말씀하셨기에 그날은 함께 식사를 했다. 60대가 다 되어가는 나이라 폐경이 왔는데 요가를 시작한 후 다시 생리를 시작했다고 하면서, 어머니는 소녀처럼 좋아하셨다. 운동에 대한 대화가 오가고 난 뒤, 사적인 질문이 여럿 들어왔다.

내 나이와 사는 곳 그리고 내게 남자친구가 있냐고 물어보셨다. 나는 없다고 했다. 자연스럽게 나와 동갑인 자신의 둘째 아들에 대해 말씀하셨다. 회사는 어디에 다니고 커피를 좋아한다는 둥 아직 결혼하지 않은 아드님 이야기를 하시며 소개를 받으라는 뉘앙스로 말씀을 하셨다. 나는 그분의 말씀에 좋은 마음으로 듣고 있는데 갑자기 내 얼굴을 굳게 만드는 질문이 있었다.

"부모님이랑 같이 살아요?"

이런 질문을 들으면 난 사실대로 엄마와 둘이 살고 있다고 말한다. 그러면 사람들은 내가 불편할까 싶어 아빠에 대해 더 이상 묻지 않는 것이 대부분이다. 그러나 이 회원님은 내가 엄마랑 단둘이 사는 게 신기했는지 눈을 동그랗게 뜨고 계속 질문을 쏟아내셨다. 아빠는 어디에 계신지, 어떻게 따로 살게 되었는지 그럼 얼마나 자주 가족이 모이는지 물어보셨다. 깊은 이야기는 분위기를 어둡게 만들 것 같아서 나는 이혼했다는 사실만 빼고 에둘러 대화를 마쳤다.

노력으로 바꿀 수 없는 부분

나는 이처럼 부모님에 관한 질문을 받으면 가슴이 턱 막히고 얼굴은 사색이 되어 굳어버린다. 바로 내가 자격지심을 가지고 있는 부분이기 때문이다. 외모, 학벌, 성격, 직업⋯ 모두 다 뛰어난 편은 아니지만 어느 자리에서도 나는 나를 떳떳하게 소개할 수 있다. 하지만 부모에 관한 이야기가 나오면 왠지 모르게 난 가슴이 답답함을 느낀다. 내가 유일하게 노력으로 얻지 못하는 부분이었다. 이미 지나간 과거이고 부모의 일이라 내가 노력할 기회조차 주지 않은 부분이다.

부모의 이혼은 나에게 결핍이다. 이혼이라는 단어가 더 이상 흠이 아닐 정도로 우리나라 이혼률은 꽤 높은 편이다. 하지만 이혼이라는 상황이 아닌, 그 상황으로 인해 내가 겪은 아픔과 상처는 너무도 깊다. 누구에게나 결핍은 있기 마련이다. 그리고 사람들은 결핍을 성장의 원동력으로 삼아 성공한다. 하지만 나는 결핍은 없을수록 좋다고 생각한다. 나는 아직도 정상적인 가정에서 자란 사람들이 부럽다. 엄마의 소중함과 아빠의 든든함이 그냥 일상인 것처럼 살아갔으면 좋겠다. 결핍으로 인해 내가 외로움과 서러움을 굳이 느낄 필요가 있나 싶다. 내가 바꿀 수 없는 부분이기에 친구들과 나를 비교하지 않으려 하지만 부러운 것은 어쩔 수 없는 사실이다.

한 번은 내가 위염으로 고생할 때 친한 친구의 아빠가 즙을 판매하고 계셔서 내게 양배추즙을 보내준 적이 있었다. 가족 식사 자리에서 친구는 내가 위염으로 고생한다고 말했고 아버지는 양배추즙을 먹으라고 보내주겠다고 하셨다. 하지만 아버지가 바쁘신 탓에 친구의 남동생이 내게 택배를 보냈다는 이야기를 해 주었다.

친구가 나를 생각해준 마음이 큰 감동이었다. 하지만 그것 보다 내겐 다른 것이 더 크게 다가왔다. 부러움이었다. 딸의 친구 까지 챙겨주는 따뜻하고 자상한 아빠가 있다는 점과 가족 간에 마음을 나누는 소통과 화합이 참 부러웠다. 친구들과 있을 때 가 족에 관한 이야기가 나오면 나는 순식간에 난쟁이로 변해버린 다. 키도 덩치도 거인처럼 큰 친구들이 이야기하는 세계에 낄 수 없는 난쟁이. 내가 아무리 말하려 해도 그들은 내 말이 들리지 않 는 다른 세계 사람들처럼 느껴진다. 나 자신이 초라하다고 해야 할까. 할 수 있는 게 없어서 풀이 죽는다고 해야 할까? 그럴 때면 아주 작은 난쟁이가 거인 틈에 홀로 있는 외톨이가 되는 것 같다.

이혼, 숨겨야만 하는 것

학창 시절에 부모님의 이혼 때문에 초조했던 일이 있었다. 고등학생 때 짝사랑하던 남자아이가 있었는데 우리 반 반장이었 다. 어느 날, 호적을 떼어오라는 선생님의 말에 인생 처음으로 호 적을 보다가 깜짝 놀랐다. 본 적도 없는 할아버지와 여러 낯선 이 름들보다 날 놀라게 한 건 새엄마들의 이름이었다. 한 명도 아니 고 두 명이나 있었다.

'반장이 분명 이걸 걷을 텐데…'.

학교 가기 전날 밤 수많은 걱정을 했다. '호적이 대부분 등본처럼 한 장으로 끝나지 않으니 다들 두껍겠지. 특히나 시골은 식구 수가 많으니 나보다 다른 아이들 호적이 더 두껍겠지. 설마 반장이 넘겨서 보겠어?' 하는 생각이었다.

'혹시 내가 좋아하는 반장이 나한테 관심이 있어 내 호적을 들춰보면 어쩌지. 나를 이상하게 생각하면 어쩌지. 다른 아이들은 우리 부모가 이혼한지도 모르는데 들키면 어쩌지…'

나는 근심으로 밤새 잠을 설쳤다.

성인이 되고 난 후로 이런 일로 걱정하며 잠을 설치지는 않았지만 이제 그 걱정은 더 큰 현실이 되었다. 만약 나에게 시부모님을 만나야 하는 상황이 생긴다면…? 한 번도 생각을 안 해본 건 아니지만 막상 그분이 나에게 그런 질문을 하니 꽤나 당황스러웠다. 아무 생각 없이 밥을 먹다가 예비 시어머니를 만난 것 같은 상황이 만들어졌다. 엄마와 단둘이 살고 있는 것이 눈이 동그래지며 신기하게 물어볼 일인지 미처 몰랐다.

나는 여태 결혼을 전제로 상대방 부모님께 인사를 드린 적은 없었다. 하지만 난 늘 이러한 상황에 으레 두려움을 느끼고 있었다. 만약 내가 예비 신랑 부모님께 인사를 드리러 갔을 때, 혹시나 부모님이 이혼하셨는지 물어보면 어쩌지? 뭐라고 대답해야 내가 주눅 들어 보이지 않을까. 머리를 굴려서 드라마에서 본 듯한 멋진 대사를 준비했다. 보란 듯이 당당한 눈빛으로 예비 시부모님을 쳐다보며 말하는 것이다.

'어머니 제가 비록 일반적인 가정에서 자라지는 못했으나 누구보다 바르게 자랐습니다. 어린 시절에 어려움을 겪었기에 부모와 가정의 소중함을 더 잘 알 수 있는 계기가 되었습니다. 그만큼 책임감을 가지고 사랑하는 남자와 따뜻하게 잘 살아가는 멋진 모습 보여드리겠습니다.'

마치 회사 면접이라도 보는 것처럼 질문에 대한 대답을 여러 번 연습하는 상상을 했다. 조금 우스꽝스러워 보일지 몰라도 내 결핍 때문에 사랑하는 사람을 잃는 것은 싫었다. 어쩌면 자격지심은 인생의 성공 여부에 따라 멋지게 비춰질지 아닐지가 결정되는 것 같다. 내가 그것을 딛고 성공하면 결핍이 없는 사람보다 더 멋진 일이 된다. 하지만 그걸 딛고 삶을 일어서야 한다는 생각으로 매 순간 긴장하고 힘주어 산다면 어떨까? 내가 그랬다. 나의 결핍을 덮으려 모든 것에 열심히 살았다. 그래서 몸과 마음에 항상 힘이 들어갈 수밖에 없었다. 내 결핍을 감추기 위해 과하게 웃으며 밝은 면만 보여주려 했다. 그랬기에 매 순간 나의 삶은 불안하고 위태로웠다.

사라진 가슴 통증

이런 초조함과 긴장감은 운동을 하면서 크게 느꼈다. 어떤 한 운동을 하든 목 주변의 뻣뻣함을 느꼈고 운동 후 다음 날은 항상 어깨가 결렸다. 또한 복장뼈 주변에 심한 통증을 종종 느꼈다. 척추를 움직일 때마다 가슴 주변이 고무줄로 꽉 조이는 것 같이 매우 불편했다. 원인은 말린 어깨 탓에 가슴 근육이 짧아진 탓도 있지만 아무래도 내 무의식 속에 있는 근심과 걱정이 쌓여서 복장뼈의 근막을 수축하게 한 것 같다. 근막은 뇌와 마찬가지로 사람의 감정과 기억을 담당하고 있다. 사소한 감정이라도 우리의 몸은 모든 걸 기억하고 저장한다. 내가 체형 탓이 아닌 마음 탓이라고 생각하는 이유는 말린 어깨는 현재에도 똑같이 남아있지만 마음이 편해진 지금은 가슴 통증이 사라졌기 때문이다.

나는 어려서부터 내 기억 속에 부모님이라는 결핍을 달고 살았다. 내가 스스로 만든 자격지심이었다. 나는 부모님의 이혼을 부끄럽게 여겼다. 누군가 나를 조손가정에서 자란 아이, 현재는 편부모 가정에서 살고 있는 사람으로 색안경을 끼고 보진 않을까 하는 걱정스런 마음이 가득했다. 현재에도 결핍은 시시때때로 나에게 다가온다. 아직 예비 신랑이 없어서 걱정할 일은 없지만 언제든 민감한 질문에 대해서 대비 태세를 갖추고 있는 내가 조금은 안쓰러운 느낌이 든다.

한편으로는 나의 이러한 자격지심이 내 삶의 중요한 지표를 마련해준 것 같다. 어쩌면 인생의 더 많은 날들을 함께할 반려자를 찾는 데 있어 도움이 될 것 같다. 어려서는 외로움에 남자를 만났다면, 이제는 나의 부족한 배경 속에서도 잘 자라준 현재의 나를 존중해주는 남자를 만나려 한다. 우울했던 과거로부터 만들어진 부정적인 마음을 잘 다스리면서 살아가는 나를 존경해주었으면 좋겠다. 나의 배경을 안아주면서, 현재의 내 모습을 응원하고 사랑해줄 수 있는 사람을 만나고 싶다. 나는 글을 통해 보여준 내 모습에 조금의 부끄러움도 없기에 이제는 좋은 사람을 만날 수 있을 거라는 확신이 생긴다.

나에게 결핍이란 나를 성공하게 만드는 발판이 아니다. 결핍은 나를 삶의 바른 길로 안내해주는 역할을 했다. 나의 경험을 통해 다른 이의 마음을 공감하고 안아줄 수 있는 힘을 주었다. 아팠던 경험만큼 다른 사람의 환경을 이해할 수 있는 넓은 마음을 가질 수 있게 되었다. 그리고 이러한 포용력을 가진 부드러운 시선으로 사람들을 바라볼 수 있게 되었다. 결핍이 있는 나를 사랑하는 힘이 생겼다.

149

내 몸을 위한 마음챙김 ⑨

— 타인의 의도는 종종 왜곡되기도 한다

나에게 콤플렉스나 부족한 면이 있다는 것을 너무 크게 생각하고 있다 보면, 타인이 무심코 던진 한마디로 마치 그가 의도를 가지고 나에게 상처를 준 것처럼 여기게 될 수 있다. 그러나 타인의 의도를 왜곡하는 것은 나 자신일 수 있다는 점을 기억하자.

— 결핍에는 그만큼의 선물이 있다

내가 바꿀 수 없는 것들, 이미 벌어진 사건들, 그 속에 놓인 초라한 나 자신을 이끌고 묵묵히 나아가는 힘은 결국 결핍에서 나온다. 대기만성이라는 말처럼, 큰 그릇의 물은 천천히 차오른다. 그런데 애초에 그릇이 크다는 것도 그릇의 입장에서는 결핍이 아니었을까.

— 방어하기 전에 이것이 공격인지부터 먼저 생각해보자

혹시라도 나의 약점을 건드릴까 봐 자격지심을 가지고 지나치게 방어막을 쌓게 될 때가 있다. 그러나 날을 세우기 전에 먼저 나에게 날아든 말에 공격의 의도가 있었는지를 살펴보자. 인지하지 못한 실수일 때가 더 많을 것이다. 자격지심이 피해의식으로 이어지지 않도록 내 마음의 흐름을 가만히 들여다보자.

아무것도 하기 싫어,
답답해

가슴이 답답하다. 하릴없이 SNS를 켠다. 싱그러운 바다, 자유로워 보이는 풍경에서 무엇이든 할 수 있을 것 같은 여행지 사진에 매료된다. 바람처럼 또 어디론가 떠나고 싶다. 여행을 다녀오고 다시 현실에 돌아온다. 똑같은 현실에 다시 떠나고 싶어진다. 나는 그렇게 쳇바퀴 돌듯 떠돌이 삶에 중독되어 있다.
#무기력(無氣力) 어떠한 일을 감당할 수 있는 기운과 힘이 없음.

코로나가 시작되고 몇 달 후, 제주살이를 알아본 적이 있다. TV 예능 프로그램 속 제주도의 평화로운 풍경을 보면서 언젠간 가야지 하고 생각했었다. 코로나로 집에만 있으니 답답한 마음에 가슴이 꽉 막힌 것 같았다. 잘 참아왔던 '여행병'이 또 도졌다.

6년간 승무원을 하면서 원하는 대로 여행을 다녔다. 하지만 아무리 물을 마셔도 사라지지 않는 갈증처럼 여행 욕구는 계속해서 올라왔다. 물을 계속 원하는 연가시가 된 것처럼 여행을 다

닐수록 여행을 더 원했다.

나는 꿈을 자주 꾸는 편이었다. 대부분 하늘을 나는 꿈, 누군가에게 쫓기는 꿈들이었다. 무서운 괴한이 총이나 칼을 들고 나를 죽이려 쫓아온다. 숨막히는 추격신에 나는 땀을 뻘뻘 흘리며 도망가다가 건물의 옥상으로 올라간다. 괴한에게서 멀리 도망가는 방법은 하늘로 도망가는 것뿐이다.

차에 시동을 걸듯, 양팔로 날갯짓을 펄럭펄럭 시작한다. 날기 전에 양팔을 위아래로 엄청나게 흔들어야 한다. 바람의 저항을 탈 때까지 흔들다 보면 약간의 두려움과 날 수 있을까 하는 의심이 일어난다. 올라오는 생각들이 사라질 때, 마침내 옥상에서 몸을 내던진다. 배에 바람이 느껴진다. 무언가가 아래에서 나를 받쳐주고 있다. 하늘을 날면서 세상 사람들을 바라본다. 개미처럼 작은 사람들을 보면서 나는 저 사람과 다르니 무엇이든 할 수 있는 자유로움을 만끽한다. 신이 된 듯 기분이 무척 좋아진다.

날갯짓을 어찌나 했는지 현실과 분간이 되지 않을 만큼 지금도 날 수 있을 것 같다. 늘 이런 패턴의 꿈이었다. 아주 어렸을 때부터 꿔오던 꿈이었다. 거의 같은 내용과 분위기, 감정이 느껴지는 꿈이라 꿈을 꾸지 않는 요즘도 생생하게 생각난다. 꿈을 해몽해보면 살인자를 피해 도망가는 것은 현재 내 상황이 불안정한 것을 뜻하며 하늘을 나는 꿈은 그 현실에서 도망가고 싶어하는 심리를 반영한다고 한다.

도피를 통해 찾은 자유

그랬다. 어렸을 적부터 나는 현실이 마음에 들지 않았다. '나는 왜 이렇게 살아야 하지?' 하는 의문을 혼자 마음속에 감춰 두었다. 그리고 겉으로는 웃으며 가면을 쓰고 살아왔다. 그렇게 나는 삶에 점점 지쳐갔다. 좋은 기회에 운동과 명상을 통해 많은 것을 치유할 수 있었으나 이상하게도 여행에 대한 욕구는 더욱 넘쳐났다. 나는 여행을 통해서 내 삶을 바라볼 수 있었다. 여행은 현실에서 도망가는 도피처였고, 힘든 과거를 보낸 나에게 주는 보상 같은 것이었다. 승무원 생활을 통해 자유롭게 여행을 다녔다. 일정이 자주 바뀌는 직업인지라 갑작스레 생긴 휴가가 있으면 혼자라도 무작정 떠났다.

여행을 하면서 많은 경험을 했다. 쿠알라룸푸르에서 반딧불 투어를 하며 자연의 신비를 경험했고, 암스테르담의 풍차 마을이 보여주는 이국적인 풍경에 동화 속 주인공이 된 듯했고, 캐나다 밴프의 대자연에 숨이 멈춘 듯한 황홀감이 올라왔고, 아일랜드의 국립공원에서는 내가 좋아하는 영화 〈P.S. I love you〉 남녀 주인공의 절실한 사랑을 느낄 수 있었다.

여행 다닌 곳 중에 특히 기억에 남는 곳이 있다. 미국에 있는

'세도나'이다. 그곳은 영적으로 기운이 매우 좋은 곳이라 기억이 특별하다. 세도나에서 2주 동안 살았다. 아무것도 할 것이 없었지만 내 삶에서 그렇게 평온하고 차분했던 적이 없었다. 2주 동안 텔레비전을 한 번도 켜지 않았다. 아침에 일어나면 꿀 한 스푼을 탄 따뜻한 홍차를 마시며 잠시 앉아 멍을 때렸다. 요가를 하고 식사를 챙겨 먹고 산책을 하는 일상을 보냈다. 그저 숨 쉬는 것만 해도 마음이 풍요로운 순간들이었다.

나의 이러한 경험들은 더욱 더 나를 여행에 집착하게 만들었다. 운동 강사가 되고 승무원의 혜택인 할인 티켓이 없어지고 난 후에도 여행은 계속되었다. 일을 하고 모은 돈으로 짧게는 1박 길게는 한 달씩 여행을 갔다. 그러다 2020년 코로나19가 터졌다. 처음엔 중국과 한국으로 퍼진 바이러스가 언젠가는 잠잠해지겠지 하고 대수롭지 않게 생각했다. 그러나 한 달 정도 지나니 답답함이 올라왔다. 이 기회다 싶어 '한국보다 안전한 다른 나라로 떠날까?' 하고 생각했다. 하지만 상황은 점점 나빠졌고, 전 세계가 비상이 걸렸다. 확진자 추적경로와 숫자파악, 해외에서 들어오는 사람들의 자가 격리 관리를 통한 국가의 재난 안전 대책을 보면 이제 한국이 가장 안전한 나라로 느껴졌다.

제주도에 가면 달라지지 않을까?

이 시기에 개인적인 여행 목적으로 해외를 나간다? 사람들의 눈총을 받을 뿐 아니라 나조차도 건강이 염려되었다. 난 한국에 완전히 꼼짝없이 묶여버렸다. 일도 쉬고 외출도 못하고 모든 것이 완전히 멈춰버린 2020년은 마치 재난영화 같았다. 사람들을 피해 집에서 홀로 지낼 수 밖에 없었다. 여행은커녕 집 앞 편의점에 나가는 것도 꺼려지는 시기였다. 해결되지 않는 답답함이 밀려왔다.

그래서 제주살이를 알아봤다. 집에서 벗어나 새로운 공간에 가면 좋아지지 않을까? 어디 혼자 숨어서 글쓰기라도 하면 나아질 거란 생각이 들었다. 효리 언니처럼 멋지게 요가도 하고 명상도 하면서 제주도에서 한 달을 살아볼까, 아니면 내가 좋아하는 강원도 산 속에 가볼까? 그러다 갑자기 문득 '과거에도 현실에 만족하지 못하고 여행으로 도망 다녔는데, 나 여전히 어디론가 떠나고 싶어하네' 하는 생각이 들어 가슴이 더욱 답답해졌다.

하늘을 보면 나아질까 하고 거실에 있는 큰 창 앞에 섰다. 예전에는 촘촘하게 지어진 건물들 위로 하늘이 가득 내 눈에 담겼었다. 하지만 지금은 몇 년 전부터 내가 사는 빌라 바로 앞에 새 빌라들이 3채나 지어지면서 다 막혀버렸다. 황량하고 차가운 벽만 보였다. 내 방으로 가서 침대 위 창을 열었다. 내 방 역시 앞 건

물과 거리가 가까웠다. 여름에 열더라도 항상 커튼을 치고 있었던지라 뭐가 보이는지 잘 알지 못했다. 침대에 서서 창을 막고 있는 가리개를 넘어 창밖으로 고개를 쑥 내밀었다.

와… 하고 감탄이 나왔다. 저 멀리 보이는 북한산 능선이 한눈에 보였다. 초록색으로 뒤덮인 산과 파아랗고 맑은 하늘에 둥실 떠다니는 몇 조각의 구름들이 한 폭의 그림 같았다. 눈을 감고 숨을 깊게 들이마셨다. 나는 이미 제주도에 와 있는 기분이었다. 예전에 제주도로 여행 갔을 때, 호텔에서 창을 열어 성산일출봉을 바라볼 때와 비슷했다. 나는 신이 나서 토끼처럼 깡충깡충 안방으로 뛰어갔다. 그리고 창문을 열었다. 안방은 고개를 내밀지 않아도 아름다운 풍경이 한눈에 보였다. 5년이 넘도록 이 집에 살면서 창을 열어 고개를 내민 적이 처음이었다. 앞집이 가까우니 조심해야 한다는 생각과 늘 마음이 바쁜 탓에 창밖을 쳐다볼 생각조차 하지 못했다.

지금 이 순간으로 떠나는 여행

그 순간 누가 내 머리에 콩 하고 꿀밤을 때리는 것 같았다. 누군가가 너의 삶에서 꿈이 뭐야 하고 물으면, 나는 '서울 근교에서 자연을 바라보며 조용히 글 쓰면서 지내는 게 내 꿈이야'라고 말하고 다녔다. 50대쯤 되면 이룰 수 있을까 하며 막연하게 생각했다. 하지만 오늘 나는 알았다. 내가 바라는 삶들이 지금 여기에 있었던 것이다. 지금의 내 현실이 내가 그토록 바라던 여행지였고, 그토록 꿈꾸던 일상이었다.

작은 접이식 책상을 사서 내 침대 다리 맡에 놓았다. 구조는 이상했지만 거기 앉아 글을 쓰니 저 멀리 북한산과 하늘이 보였다. 꿈꾸던 삶을 이루는 데는 비행기 표도, 고급 리조트도 필요치 않았다. 접이식 책상만 필요했다. 코로나로 인해 일을 쉬며 내 삶은 다르게 흘러갔다. 50대에나 가질 수 있을까 했던 마음의 여유를 갖게 되었다. 마음이 여유로워지니, 언젠가는 이루고 싶던 나의 꿈이 이루어졌다. 여유롭게 글을 쓰며 자연과 더불어 사는 삶이 여기에 있었다. 이젠 더 이상 도망가지 않아도 괜찮았다. 여행에 목마르지 않아도, 하늘을 나는 꿈을 꾸지 않아도 되었다. 생각을 바꾸니, 이미 내가 원하는 곳에 도착해 있었기 때문이다.

술과 여행에 중독되어 현실 도피를 했던 지난날은 사라졌다. 이제는 도망가지 않고 지금 할 수 있는 것에 집중하는 법을 깨달았다. 지금이 곧 신비로움을 느끼게 하는 여행지이고 알딸딸한 즐거움을 주는 술과도 같다. 내 주변이 아니라 내 안을 들여다보는 연습을 하니, 내가 동경하던 효리 언니처럼 멋진 삶을 나도 살아갈 수 있게 되었다. 제주도가 아닌 2평 남짓한 서울의 내 방에서 꿈에 그리던 멋진 삶을 살아갈 수 있다. 그 누구보다 멋진 삶을 당신도 살 수 있을 것이다.

~~~~~~

내 몸을 위한 마음챙김 ⑩

— **해야 한다는 생각이 더 큰 무기력을 부른다**

스스로에 대한 기대가 너무 크거나 지나치게 높은 목표를 설정한 뒤
에, 그것이 이루어지지 않거나 불가능해 보일 때 전의를 상실하고 멍
한 상태로 있으면, 애초에 원하는 것이 아무것도 없었던 것처럼 느껴
지기도 한다. 나를 너무 몰아세우면 방전상태가 되는 것이다. 지금 내
가 처한 환경에서 할 수 있는 구체적이고 작은 일부터 시작하자.

— **관점을 바꿔 답답한 상황을 기회로 만들 수 있다**

나는 막연하게 작가가 되고 싶다는 꿈을 꾸었다. 남들처럼 결혼을 하
고 자식을 낳고 내 삶이 어느 정도 안정되었을 때, 조용한 곳에서 글을
쓰며 살고 싶었다. 어느 날, 코로나는 내 일상을 바꾸었다. 그 일상은
내 생각을 바꾸었다. 나는 내 삶의 순서를 바꾸었다. 남편도 자녀도 없
는 지금이야말로 가장 안정된 때였다. 꿈꾸는 거대한 일을 현실로 만
들기에 필요한 건 오직 단 하나, 생각의 전환에서 나온 결심이었다.

— 포기해도 된다, 멈추지만 않는다면

나는 이미 내가 원하는 미래에 도착했다. 내 생각을 바꾸면 내가 원하는 미래를 지금 당장 만들 수 있다. 무엇이 있어야 한다는 조건 지어진 환경이 아니라, 내가 스스로 그 조건을 바꾸어보자. 책을 쓰려면 무조건 조용한 환경과 글쓰기 실력이 있어야 하는 것이 아니다. 시끄러워도 집중할 수 있는 의지만 있다면 어디에서도 글을 쓸 수 있다. 부족하다고 생각하는 나 자신에게 한번 해볼까 하는 도전정신이 필요하다.

Part 3

마음 근육을 움직이는 비밀

이불 속에서부터 시작하는 마음 홈트레이닝

마음 근육을 이완시킨다

"저도 과연 좋아질까요?"

"전 아무리 해도 잘 안 돼요"

사업가, 직장인, 주부, 학생 등등 다양한 사람들을 만나면서
공통적으로 느끼는 게 있다. 바로 끊임없는 의심과 조급함이다.
불편한 몸과 마음이 당장 좋아지는 효과를 봤으면 하는 욕심이
있다. 그래서인지 쉽고 빠르게 효과를 보기 위해 사람들은 약을
먹고, 병원에 의존하는 것 같다. 물론 의학적으로 치료를 해야 하
는 부분이 당연히 있다. 하지만 무언가를 꾸준히 했을 때 그동안
오래 묵혀둔 습관들이 천천히 변하면서 몸과 마음이 좋아질 수
있다.

태어나서부터 지금까지 나는 얼마나 긴 시간을 살았을까?
지금 나를 이 세상에 있게 해 준 부모님과 조상들은? 몇백 년에
걸쳐 조상 대대로부터 전해져온 내 성격과 몸의 유전자를 생각

163

해보자. 그토록 오랜 세월을 지나 형성된 내 몸과 마음이 단 몇 분만으로 바뀐다는 것은 무척이나 힘든 일일 것이다. 지금까지는 내 경험과 기억이 마음을 어떻게 형성하게 되는지, 그 마음은 내 몸에 어떠한 영향을 주었는지 알아보았다. 이번 3부에는 내 몸을 제대로 돌볼 수 있는 마음 홈트에 대해 알려주려고 한다. 마음 홈트에 들어가기에 앞서 가장 중요하게 말해주고 싶은 것이 하나 있다. 바로 조급해하지 말라는 것과 자신을 믿어야 한다는 것이다.

조급한 내 마음을 알아차린다

내 몸과 마음이 변하는 과정에는 시간이 필요하다. 이 과정은 마치 시차가 완전히 뒤바뀐 곳으로 가는 장거리 여행과도 같다. 예를 들어 지구 반대편인 뉴욕으로 여행을 가는 것이다. 뉴욕은 한국과 정확히 12시간 차이가 난다. 낮밤이 완전히 바뀌어 여행 내내 시차에 적응해야만 한다. 우리의 뇌는 한국의 아침과 저녁 사이클에 맞춰서 화학물질을 생성한다. 아침엔 세로토닌, 저녁엔 멜라토닌이라는 호르몬으로 때에 맞춰 잠을 자고 활동할 수 있게 한다.

내가 뉴욕 여행을 가면 완전히 뒤바뀐 시차에 적응할 시간이 필요하다. 그런데 만약 내가 적응을 포기하고 잠이 오는 대로 자버린다면 어떨까. 원래 자는 시간인 뉴욕의 낮 2시부터 잠을 자버린다면 여행을 제대로 할 수 없게 된다. 따스한 오후의 햇볕 아래 브루클린에서 자전거를 타며 뉴요커가 된 듯한 짜릿함을 누리지 못할 것이고, 밤에 멋진 전경을 자랑하는 엠파이어스테이트 빌딩과 세계 경제의 중심지인 타임스퀘어 거리를 볼 수 있는 행운을 놓치고 말 것이다. 졸리고 피곤해도 어떻게든 뉴욕의 햇살을 맞으면서 세로토닌을 분비시킬 수 있도록 나를 만들어야 한다.

상상해보자. 뉴욕 여행을 가서 점심을 먹으면 어김없이 잠이 온다. 한국 시간으로는 완전한 밤이기 때문이다. 나는 졸린 눈을 부여잡고 싱그러운 초록색의 나무들이 반겨주는 센트럴 파크에 가서 햇살을 맞으며 내 몸에게 세로토닌을 분비시킨다.

'지금 밤 아니고 낮이야.'

활동해야 한다고 몸에게 신호를 준다. 그렇게 잠을 이겨내고 여행에 집중하다 보면 몸은 어느새 뉴욕의 시간에 적응한다. 사람마다 속도는 다르겠지만 반드시 적응을 하게 될 것이다.

낯선 나라나 도시에 가면 같은 하늘도 유난히 예뻐 보인다. 내가 사는 곳에서는 무심코 지나쳤던 노을이 여행지에서는 사진을 마구 찍어댈 정도로 아름다워 보인다. 여행하는 내내 지나가는 시간을 붙잡고 싶을 정도로 모든 순간이 소중하게 느껴질 것이다. 나와 함께 자신의 삶을 여행한다고 생각해보자. 졸린 눈을 부릅뜨고 새로운 여행지에 매료되듯 여행 자체에 의미를 두고 즐겨야 한다.

새로운 것을 받아들이는 데에 시간이 걸리고 그 과정 안에 기다려주는 노력이 필요하다. 내 몸과 마음을 리셋하는 데 시간이 걸린다는 것을 받아들이고 부정적인 생각과 감정에 친숙한 내 습관을 바꾸어야 한다. 세 살 버릇 여든까지 간다는데, 그 습관을 바꾸려면 얼마나 많은 시간과 노력이 필요할까. 나는 조급할수록 더 힘들었다. 당신은 나보다 더 여유를 가졌으면 좋겠다. 내가 나의 변화를 믿는 한 반드시 내가 원하는 대로 될 것이기 때문이다.

의심을 걷어내고 믿음을 채운다

지금 당장 숨을 멈추어 보자. 딱 3초만 멈추어보자. 숨을 들이마시고 참는다. 하나, 둘, 셋 그리고 내쉬어보자. 쉽다. 그렇다면 이번에 5초를 해볼까. 하나, 둘, 셋, 넷, 다섯 그리고 내쉬어본다. 이것도 충분하다. 사람의 폐활량에 따라 길게는 1분 혹은 더참을 수도 있다. 여기에서 중요한 것은 내 호흡을 내가 조절한 것처럼 내 몸과 마음을 내가 움직일 수 있다는 것이다. 내가 원하는 대로, 생각하는 대로 할 수 있다.

이번엔 레몬을 상상해보자. 평소에 생레몬을 먹어보지 않았어도 얼마나 신맛인지 충분히 상상할 수 있다. 눈을 감아본다. 껍질이 벗겨진 노오란 레몬이 내 손에 있다. 그리고 그걸 한 입 크게 베어 문다. 아주 짧은 순간이지만 상상만 해도 진짜 레몬이 내 입에 들어온 듯하다. 입안에 침이 한가득 고인다. 당신이 무엇을 상상하고 생각하느냐에 따라 당신의 몸이 움직이는 것이다.

얼마 전, 유튜브를 보다가 인기 영상에 뜬 농구선수를 보게 되었다. 처음 보는 농구선수였다. 잘생긴 외모와 뛰어난 실력으로 현재 인기 순위 1위인 선수였다. 구기 종목에 관심이 별로 없던 나였다. 심지어 농구라니⋯ 월드컵으로 유명해진 축구 경기 규칙도 잘 모르는데, 농구라니. 알고리즘에 의해 그 농구선수에 관한 영상이 계속 떴다. 다음 날 일찍 일어나야 하는데도 불구하고 새벽까지 몇 개의 영상을 보다 잠이 들었다. 그리고 그날 밤, 꿈속에 그 선수가 나타나 나와 아주 진하게 데이트를 했다.

이렇듯 내 감정이 움직이지 않아도 내가 무언가에 노출되면 내 뇌는 그것을 끊임없이 생각한다. 만약 삶이 변하는 데 있어서 내가 나를 믿지 않고 스스로 의심한다면 어떻게 될까. 그건 이미 변할 자신도 없고 안 된다는 각인을 스스로 새기는 것과 같다. 그러니 누가 뭐래도 당신만큼은 당신을 믿어주었으면 좋겠다.

우리는 이미 호흡과 레몬을 통해 당신은 당신의 몸과 마음의 주인이라는 걸 알았다. 이 사실만 안다면 당신이 원하는 대로 변화할 수 있다. 당신에게 일어나는 변화에 대해 더이상 의심하지 않는다면 말이다. 주변의 사람들이 '네가 과연?' 하는 코웃음에도 나는 나를 믿어야 한다. 그 의심에 흔들리는 것조차 내가 만들어 내는 것이다. "할 수 있다는 믿음을 가지면 그런 능력이 없을지라도 결국에는 할 수 있는 능력을 갖게 된다"고 했던 마하트마 간디의 말처럼, 당신도 할 수 있다는 믿음을 가졌으면 좋겠다.

마음이 내쉬는 숨소리를 듣는다

호흡하기

1 ┃ 고요하게 들이 마신다
2 ┃ 부드럽게 내쉰다
3 ┃ 세 번 반복한다
   (눈을 감으면 내면에 집중하기 쉬워져 편안함
   을 빨리 찾을 수 있다)

필라테스 수업을 할 때 대부분 가장 어려워하는 부분이 호흡하는 것이다.

"호흡이랑 동작이랑 같이 하려니 너무 어려워요."

"숨이 너무 짧아요."

"언제 마시고 언제 내쉬어요?"

"호흡이 너무 헷갈려요."

처음 운동을 시작하는 사람들은 호흡에 어려움을 느낀다. 운동 강사들이 호흡을 가르치는 이유는 그만큼 호흡이 중요하기 때문이다. 우리는 호흡에 집중해야 한다. 여기서 집중하라는 의미는 근육을 늘릴 때 호흡을 마시고, 힘을 쓸 때 호흡을 내쉬라는 말이 아니다.

호흡에 집중하라는 것은 호흡을 자연스럽게 하라는 것이다. 물론 운동 방법에 따라서 들숨과 날숨을 움직임에 맞추거나 호흡을 참는 것이 굉장히 중요해질 때가 있다. 허나 그것에 집착하다 보면 호흡이 부자연스러워진다. 내 호흡의 길이에 맞지 않게 억지로 길게 하려다가 호흡을 참게 되고, 다른 사람들의 호흡에 맞추려다 보면 정작 본인의 호흡이 가빠질 수도 있다.

과호흡 혹은 무호흡은 내 몸을 더 불편하게 만들 수 있다. 불편한 호흡은 몸을 긴장하게 만든다. 호흡이 깨지면 평소에 긴장감이 심했던 근육이 쓰이게 된다. 예를 들어, 윗몸 일으키기를 할때에 복부를 조여서 상체를 들어올려야 하는데 윗 어깨나 목을 써서 운동하는 것처럼 말이다. 몸이 긴장하면 불필요한 근육이 수축하고 뇌와 혈관도 원활하게 순환하지 못한다. 그러니 호흡에 집착하면 운동을 하는 의미가 없어진다. 집착이 아닌 집중을 해야 한다.

나만의 페이스, 나만의 호흡을 찾는다

운동을 처음 접하는 사람들이나 평소에 몸과 마음에 긴장감이 심한 사람들은 대부분 호흡이 불안정하다. 그로 인해 호흡근이 연결되어 있는 갈비뼈와 골반마저 불균형으로 바뀌는 경우가 굉장히 많다. 호흡이 체형 불균형을 만들 수 있다. 이 말은 무슨 의미일까? 곧 호흡만 바르게 잘해도 몸과 마음이 편해진다는 뜻이다.

실제로 내가 만난 회원님 중, 허리와 고관절의 통증 때문에 5년 동안 꾸준히 개인레슨을 받은 분이 있었다. 무려 200회 넘게 운동을 했지만 운동을 할 때뿐, 며칠 있으면 다시금 아픈 곳의 통증이 심해진다고 했다. 심지어 스트레스를 받으면 곧바로 두통에 시달린다고 했다. 나는 이 회원님과 상담을 한 뒤, 호흡 패턴을 분석했다. 횡격막이 연결된 하흉각의 각도가 매우 좁아 들숨이 어려워 보였다. 목과 어깨의 긴장감이 심한 분이었다. 나는 횡격막을 수기로 풀어주고 호흡을 다시 교육했다.

그 회원님은 5분 만에 호흡이 편안해지고 몸의 통증 또한 줄어들었다. 위에서 머물던 호흡이 본래 들어가야 할 골반까지 전달되니 몸이 즉시 편안해진 것이다. 일주일 내내 괴롭히던 두통 또한 바로 사라짐을 경험했다. 나는 이 간단한 원리를 배우고 경험하면서 수업에도 자신감이 생기고 나의 몸 또한 편해질 수 있었다. 이렇게 호흡을 제대로 하기만 해도 몸이 건강해진다. 굳이 어려운 운동을 하거나 비싼 돈을 들이지 않아도 몸과 마음이 편해진다.

그렇다면 운동할 때가 아닌 평상시에 내가 의식하지 못할 때에 호흡이 어떨까? 내가 어떠한 고민이나 생각을 할 때, 혹은 무언가에 괴로워할 때 숨이 얕아지거나 거칠어질 때가 있다. 화가 나거나 긴장할 때처럼 여러 방향으로 스트레스를 받을 때, 호흡은 특히 효과가 매우 좋다. 부정적인 감정이 올라올 때 호흡을 하면 금세 마음이 편안해진다. 이것은 스트레스 호르몬과 관련이 있다.

인생, 멀리 보고 길게 호흡한다

우리가 스트레스를 받는 상황에 직면하면 코르티솔이라는 호르몬이 분비된다. 적과 싸울 때처럼 내 몸을 움츠리고 심장을 빠르게 뛰게 해서 내 몸을 보호하려는 일종의 보호본능이다. 내가 어떠한 상황을 스트레스로 인식하면 내 몸이 날 보호하려고 신경이 곤두선다. 원시시대에는 짐승이 나타나면 빨리 도망가거나 싸울 준비를 해야 했다. 짐승의 공격에 대비하기 위해 꼭 필요한 것이었다.

하지만 문제는 우리가 살아가는 현대사회에는 적과 싸우는 상황이 너무도 많다는 것이다. 나 때는 그러지 않았다며 시대적인 거리감으로 분노를 자아내는 상사, 자신의 생각만 고집하는 시부모, 등원하기 싫다고 떼쓰는 아이 등등 일상에는 작은 스트레스들이 도사린다. 뿐만 아니라 최근 코로나 바이러스로 인한 고용불안, 소득 감소, 실업률과 불안감 증가의 사회 문제가 우리를 더욱 힘들게 하고 있다. 예전에는 적과 짐승으로부터 나를 지켜준 고마운 스트레스 호르몬이, 지금은 시도 때도 없이 나타나 우리를 공격하고 있다.

어딜 가나 불편한 상황들이기에 사람들은 스트레스를 당연하게 여기고 살아가느라 몸과 마음이 지쳐 있다. 이때 호흡을 길게 하면 흥분되었던 교감 신경이 안정된다. 그리고 부교감신경이 활성화되어 심장박동은 느려지고 나의 몸과 마음이 이완된다. 그러면 불안했던 나의 감정이 이내 편안해지는 원리이다.

나는 이렇듯 운동과 명상 수업을 할 때 호흡을 꼭 중요하게 가르치고 있다. 호흡으로 인한 변화를 내가 만나는 사람들을 통해 많이 봐왔고 나 또한 경험했기 때문이다.

지금부터 나와 함께 호흡을 조금 더 깊게 경험해보자.

"눈을 감고 가장 편안한 곳을 상상하세요.

지금 앉아있는 곳이 내 방에 있는 내 침대라고 상상합니다.

몸과 마음이 편안해집니다.

열심히 하려고 하지 말고 잘하려고 하지도 말고

그저 숨을 바라보세요.

들어오는 숨이 어디까지 들어오는지 나가는 숨이

어떻게 나가는지 숨을 관찰합니다.

고요하게 들이마시고

부드럽게 내쉽니다.

다시 한 번 고요하게 들이마시고

부드럽게 내쉽니다. "

내가 집중할수록 숨은 깊어지고 편안해진다. 언제 어디에서
든 당신이 긴장하지 않았으면 좋겠다. 안 그래도 밖에는 나를 밀
어붙이는 사람들 천지인데 숨 쉬는 것조차 내 마음대로 못 한다
면 누가 나를 편안하게 해줄까. 숨 쉬는 것 하나만 잘해도 마음이
편안해질 수 있고 몸 또한 건강해질 수 있다.

마음을 더듬어 시간을 거슬러 오른다

감정 바라보기

1 ┃ 난 왜 이런 감정이 올라오지?
  (과거를 바라봐주기)
2 ┃ 나만 그런 걸까?
3 ┃ 내 감정을 그대로 인정해주고 안아주기

드디어 금요일 저녁이다. 여느 직장인들처럼 초롱님은 금요일만 기다리며 평일을 보냈다. 비스듬히 거실 소파에 앉아 한쪽 다리를 테이블에 올린 채 맥주를 마신다. 금요일이지만 친구를 만날 힘도 없이 몸이 지쳐 있다. 하지만 금요일이라는 사실에 기분이 무척 좋다. 기다렸던 예능 프로그램을 보면서 친구들과 실없는 농담만 오고 가는 카톡에도 실실 웃는다. 행복한 저녁을 만끽하는데 카톡이 울린다. 팀장님이다. 팀장이라는 글씨만 봐도 머리에서 지진이 나고 짜증이 밀려온다.

월요일까지 보고서를 제출하라는 내용이었다. 이 무슨 황당한 경우가. 주말에도 일하라는 소리다. 천국이었던 금요일 저녁이 팀장님의 카톡 하나로 지옥으로 변한다. 본인 일은 아랫사람들에게 떠맡기고 술 마시느라 회사 일은 하지도 않는 팀장이다. 평일도 모자라 주말까지 괴롭힐 땐 정말 짜증이 솟구친다. 스트레스를 받을 때마다 평소에 아프던 어깨가 뭉쳐서 담에 걸린 듯하고 허리까지 시큰거린다.

피로는 나의 뿌리가 흔들리는 데서 온다

직장인들뿐만 아니라 많은 사람들이 피곤함과 우울감에 찌들어 살아가는 것 같다. 특히나 요즘처럼 코로나 바이러스 때문에 일상에서 할 수 있는 많은 것들이 제한되니 우울감은 더욱 깊어진다. 초롱님은 내 회원님이었다. 평소와는 다르게 운동에 집중하지 못하고 표정이 어두워 보여 이런저런 이야기를 나누다가 초롱님의 마음에 대해 듣게 되었다.

보통 직장인들이 많이 겪는 스트레스였다. 특히 초롱님은 자존감이 무척 낮았는데, 그 이유는 집에서 항상 공부를 잘하는 오빠와 비교를 당했기 때문이었다. 초롱님은 대기업에 입사했지만 낮은 자존감으로 인해 항상 자신을 남들과 비교했다. 특히 실력과 학벌이 좋은 후배가 있을 땐 더욱 마음이 움츠러들었다. 그때문에 회사에서 인정을 받는 경우가 있어도 불안하다고 했다. 자신의 실력을 과소평가하고 칭찬을 받는 것조차 어색했기 때문이다. 항상 나는 부족하다는 생각과 나는 잘할 수 있을까 하는 불안감으로 회사에 다녔다. 그 불안감을 팀장에게 못마땅한 마음으로 풀어내려 했다. 그러니 화는 더욱 커질 수밖에 없었다. 그런 날들이 계속되자 '나만 왜 이렇게 불행할까' 하는 생각에 더욱 움츠러드는 자신을 발견했다.

초롱님의 마음을 들어보니 현재 느끼는 감정들이 얼마나 많이 과거와 연결되었는지 알 수 있었다. 나와 무척 닮아 있었다. 나도 한때는 깊은 우울감에 지배됐었다. 열네 살엔 나산 강에, 서른 살엔 57층에서 떨어져 죽고 싶을 만큼 외롭다고 느꼈다. 지금의 괴로움보다는 차라리 죽는 게 나을 것처럼 여겨졌다. 감정의 소용돌이에서 마구 휩싸여 괴로워하는 나를 보고 싶지 않았다.

감정의 골은 하루아침에 만들어지지 않는다

더욱 힘들었던 건 이 괴로운 감정을 나만 느끼는 것 같다는 생각이었다. 깊은 고독 속에서 더욱 괴로웠다. 다른 사람은 같은 상황에서 아무렇지도 않거나 혹은 즐기고 있는데 왜 나만 이럴까? 이런 생각이 들 때마다 부정적인 감정의 동굴은 더욱 어둡고 깊어졌다. 하지만 나는 나를 이토록 힘들게 하는 감정이 어디에서 왔고, 누가 그렇게 만들었는지 이유를 알고 난 후 점점 나아지는 걸 경험했다.

지금 짜증이 나거나 우울하다면 이 감정은 어디에서 왔을

지 생각해봐야 한다. 나는 모든 감정에 대해 묻는다. 그 감정들은 도대체 어디에서 왔고 누가 만들었을까? 답은 바로 나 자신이다. 각각의 사람들은 똑같은 상황에서도 다른 감정을 느끼기 때문이다. 감정은 개인의 고유한 영역이다.

같은 상황에서 어떤 이는 즐겁고 어떤 이는 매우 불편하고 괴롭다. 인터넷으로 만난 어느 동호회의 첫 오프라인 모임 자리라고 가정하자. 동호회 회장이 자기소개를 시켰을 때 활동적이고 관심받기를 좋아하는 사람 A는, 그 상황이 자신을 유일하게 뽐내는 시간이기에 매우 즐거울 것이다. 반면 사람들에게 주목받는 걸 극도로 싫어하는 사람 B는 어떨까? 한 사람만 자신을 쳐다봐도 부담스러운데 많은 사람들이 나를 보고 내가 말하는 것에 귀 기울이고 있다면? 아마도 당장 뛰쳐나가고 싶은 마음을 억누르고 눈을 어디에 둘지 몰라 바닥을 쳐다보며, 이름만 말하고 획 자리에 앉을 것이다. 목소리가 떨릴 수도 있고 얼굴이 빨개질 수도 있다.

1분도 안 되는 자기소개가 A는 아쉬울 것이고 B는 그 시간이 마치 1년처럼 길게 느껴질 것이다. 만약 A가 자기소개를 마치고 모임 내내 주목받을 일 없이 남의 얘기만 들어주다가 집으로 돌아왔다면, 오늘 나를 더 드러내지 못한 것에 대한 아쉬움이 있을 것이다. 같은 상황에서 A는 더 주목받길 원하고 B는 조용히 있는 걸 원한다.

이렇듯 감정은 오로지 나만의 주관적인 영역이다. 그러기에 내가 현재 느껴지는 감정은 내 성향이고 습관일 뿐임을 알아야 한다. 그 누구도 너 왜 자기소개 하는 걸 부끄러워하냐고 타박할 수 없는 것이다. 누군가는 밖에서 몸을 움직이는 활동적인 일을 좋아하고 누군가는 집에서 혼자 할 수 있는 일을 선호한다. 이는 사람마다 성향이 다른 것이지 틀린 것이 아니다. 태어날 때부터 혈액형이 다르게 태어나는 것처럼 나의 지금 이 감정도 인정하고 이해해줄 필요가 있다.

보통 현재의 감정은 날씨와 호르몬 등과 같은 요인에 의해서 영향을 받기도 한다. 하지만 위에서 말한 것처럼 내 성향이나 습관인 경우가 상당히 많다. 그것은 바로 과거의 기억으로부터 만들어진다. 감정을 바라보면서 내 과거를 떠올려보자. 현재 마음속에서 일어나는 감정이 어디에서 왔는지 곰곰이 생각해보자. 내 과거에서 온 경험과 기억을 더듬다 보면 지금 내 감정 상태가 이해가 된다. 마치 누군가에게 털어놓은 것처럼 가벼워진다.

마음을 인정하면 마음이 사그라든다

나는 이것을 치유의 시작이라고 말하고 싶다. 현재 내게 일어나는 감정을 바라봐주고 인정해주면 금세 사라지기 때문이다.

그리고 이 과정을 통해 감정은 내가 만들었다는 걸 알게 되니 누군가를 탓하지 않아도 된다. 내 괴로움의 원인을 밖에서 찾다 보면 한도 끝도 없다. 나를 힘들게 하는 상황은 변하지 않을 테니 말이다. 내 감정을 내가 바라봐주면 누군가 알아줬다는 생각에 마음이 편해지고 그 원인을 알았으니 안심이 된다. 환경에 끌려가는 게 아니라 나 스스로 마음을 다스리는 것이다.

힘들 때 대화할 사람이 없고 마음 나눌 사람이 없어서 사람들은 더 고독해진다. 얼마나 마음이 외로우면 사람들은 가난해서 죽는 것보다 고독해서 죽는다는 말이 나올 정도일까. 마음이 외로울 때 삶의 의미를 잃어버린다. 나를 잘 알아주는 누군가가 있어서 매일 나를 위로해주고 응원해주면 좋겠지만, 그건 생각보다 쉽지 않다. 있다고 한들 나는 그 사람에게 계속 의지하게 될 것이다.

태어나서부터 죽을 때까지 영영 떨어지지 않고 함께 할 사람은 바로 나 자신이다. 그러니 내가 스스로 감정을 알아주고 안아주는 연습을 해보자. 고독보다는 위로와 공감이 내 마음에 자리를 잡을 것이다. 내 마음이 안정되면 비로소 홀로 일어설 수 있고 언제든 행복할 수 있다.

"나야 지금 감정이 어때?

힘들구나. 왜 이런 감정이 올라오지?

그랬구나. 그래서 그랬구나. 그럴 수 있겠다.

나야 많이 힘들었겠다.

나야 괜찮아.

내가 있잖아. "

마음 홈트 3단계

내 마음과 결이 다른 마음을 인정한다

이해하기

1 | 무슨 이유가 있겠거니
2 | 그럴만한 이유가 있겠거니
3 | 그러려니

딸들은 유독 엄마한테 짜증을 잘 낸다. 가장 가까운 사이이면서도 가장 자주 싸우는 사이이다. 나 또한 엄마에게 그랬던 적이 있다. 똑같은 상황에 다른 사람들에겐 안 그러는데 엄마에게는 짜증을 자주 냈었다. 나도 모르게 툭 하고 날이 설 때마다 내가 엄마에게 왜 이럴까 질문했다. 나는 내 과거의 기억을 꺼내어보고 내가 왜 이러는지 이해할 수 있었다. 나와 같은 경험을 한 지수님의 이야기가 생각난다.

지수님은 새우 알레르기를 가지고 있다. 어렸을 적 새우가 들어간 피자를 먹고 얼굴이 퉁퉁 붓고 기도가 막힐 정도로 숨을 쉬기가 어려워 응급실에 실려 간 기억이 있다. 구급차에서 산소 호흡기를 끼고 누워있었던 그 기억은 몹시도 힘들었다. 이대로 죽을 것만 같았기 때문이다. 그 이후로 무슨 음식이든지 새우가 들어갔는지 아닌지 확인부터 하고 먹게 되었다. 양념에 새우 가루라도 들어있을지 모르니 외식할 때마다 두려움이 올라왔다.

그런 지수님에게 지수님의 엄마가 이젠 괜찮을 거라며 새우가 들어간 음식을 권한 적이 있었다. 지수님이 싫다고 하니, 엄마는 집안에서 아무도 새우 알레르기가 없는데 넌 참 특이하다고 말했다. 지수님은 순간 화가 났다. 자신이 죽을 뻔했는데 엄마는 그것에 대해 안일하게 생각한다는 점에서 섭섭함이 올라왔다.

어리광을 멈추고 상대의 불완전함을 받아들인다

지수님의 이야기를 들으면서 나 또한 똑같은 경험을 했기에 공감이 갔다. 나에게는 익히지 않은 갑각류 알레르기가 있다. 간장게장을 좋아하는 엄마는 집에서 간장게장을 드시면서 여러 번 나에게 먹어보라고 권하셨다. 나도 먹고 싶지만 알레르기 때문에 못 먹어서 안 그래도 서러운데 엄마는 그 사실을 자꾸 잊어버리시고 나에게 까다롭다는 식으로만 얘기하셨다.

"나한테 알레르기가 있는 것도 매번 까먹고! 나한테 까다롭다고? 이렇게 낳아준 게 누군데!"

나는 버럭 화를 냈다. 별것 아닌 일에 뾰족하게 날이 서는 내가 이해되지 않았다. 왜 그러지? 그 기억의 시작엔 나에게 무관

심했던 엄마가 있었다. 부모님이 맞벌이를 하셨기에 어렸을 때부터 집에 혼자 있는 시간이 많았다. 주말마다 엄마랑 놀고 싶어서 화장하는 엄마 뒤에서 재잘재잘 말하는 나였다. 놀이공원을 좋아하던 나는 엄마에게 같이 가자고 졸라댔다. 하지만 다음 주말에 가자고 미루던 엄마는 정작 약속한 날이 되면 돈을 주면서 친구와 가라고 했다. 그렇게 나는 매번 실망과 서운함을 느꼈다.

나에게 소홀했던 엄마에 대한 기억이 지금까지 뿌리 깊게 남아 있었다. 그래서 조그만 거 하나를 기억해주지 못하면 섭섭한 마음에 눈꼬리가 올라갔던 것이었다. 관심과 사랑을 받고 싶어하는 나에게 엄마는 여전히 독립적인 태도를 유지했다. 그것을 알고 나니, 알레르기를 기억 못해준다는 것도 서운하고 나만 까다롭다는 말 한마디는 내 마음에 뾰족한 날이 서기에 충분하다는 걸 알게 되었다. 지수님의 이야기는 나와 꼭 비슷했다. 자라오는 과정에서 외로움과 서러움이라는 감정이 깊게 자리 잡고 있었다.

현재 내 감정을 알아차리고 과거를 돌아보니 나를 이해하게 되었다. 이해가 되니 그 감정은 더 이상 나를 힘들게 하지 않았다. 그 후로 엄마가 간장게장을 먹으라고 권할 때 '엄마가 또 까먹었구나. 그러려니' 할 수 있었다.

내 감정을 바라보면서 가장 좋은 것은 다른 사람의 마음도 이해할 수 있게 된다는 것이다. 다른 사람에게도 나 같은 트라우마가 있을 수 있고 그 마음을 충분히 공감하기 때문이다.

유난스러운 구석은 저마다 다르다

미국 시카고에 사는 지인이 한국에 놀러와 함께 부산 해운대를 방문한 적이 있었다. 바다 한쪽에서 중년 남성이 낚시를 하고 있었다. 낚시하는 장면이 신기했던 내가 여기에는 무슨 물고기가 있냐고 물으니 복어라고 말씀하셨다. 나는 해운대에서 복어를 잡을 수 있으리라고는 상상도 못했다. 궁금한 것이 많아 이것저것 물어보며 대화를 이어나갔다. 하지만 옆에 있던 지인은 어쩐 일인지 안절부절하며 불편한 기색을 보였다.

알고 보니 그는 몇 년 전에 복어의 독을 잘못 먹고 죽기 직전의 상황까지 갔던 것이다. 그 안 좋은 기억 때문에 지금은 복어라는 단어만 들어도 몸이 불편해지게 되었다. 결국 지인은 그날 밤에 잠을 설치고 소화제를 먹어야만 했다. 나에게는 흥미로운 호기심의 대상이 누군가에게는 듣기만 해도 소스라치게 놀라는 상황이 될 수도 있다.

내게도 간장게장 이외에 일상에서 마주했던 안 좋은 기억들이 있다. 어렸을 적 놀러간 친구의 집에서 친구 동생이랑 대화를 나누고 있었다. 나보다 한창 어린 남자 아이였다. 대화 도중에 무언가를 집으려 상체를 숙이다가 동생과 내 얼굴이 아주 가까워 졌을 때였다. 바로 그 순간, 동생은 내 코앞에서 트림을 꺼억 했다. 순간 아주 지독한 음식물쓰레기 냄새가 났다. 엄청나게 큰 음식물처리장도 그보다 지독하진 않을 것 같았다. 한여름에 며칠 동안 버리지 않아 날파리가 낀 부패한 음식물도 그 냄새와 비교할 수 없을 정도로 내겐 비위 상하는 냄새로 기억난다.

그 동생은 어렸고 실수로 한 것이기 때문에 그때는 다 같이 웃고 말았지만 난 지금도 누군가의 트림 소리를 들으면 20년도 지난 그날의 냄새가 온전하게 기억난다. 특히 식사를 할 때 큰 소리로 꺼억 하는 사람들을 보면 순간적으로 밥맛이 떨어져서 더 이상 식사를 하고 싶지 않아질 때가 종종 생겼다.

또 다른 이야기는 누군가가 내게 '큰 눈이 부러워요'라고 말할 때마다 나는 그게 썩 반갑지 않다는 것이다. 나의 눈은 아빠를 닮았다. 아빠의 부리부리한 큰 눈이 내게는 무서움의 상징이었다. 외동딸인 나를 아빠는 참 많이 예뻐해 주시기도 했다. 하지만 자신의 말에 복종하지 않는 것을 싫어하는 아빠였다. 목소리가 크고 표현이 거칠었던 아빠를 보면서 자라왔기 때문일까? 난 아빠의 눈을 바라볼 때면 겁이 나서 자주 움츠러들었다.

이러한 이유로 내게 큰 눈이란, 여성스럽지 않고 강해 보이는 이미지일 뿐이다. 그래서 늘 작은 눈과 쌍꺼풀이 없는 여자들이 더 예뻐 보인다. 내게 큰 눈은 아빠에 대한 기억을 불러일으켰고 그 기억은 내게 지우고 싶은 기억이었다.

이렇듯 각자의 경험에 따라 남들에게는 좋아 보이거나 별일 아닌 것이어도 누군가에게는 큰 두려움 또는 상처일 것일 수 있다. 트라우마의 무게감은 가볍거나 무거운 것으로 나눌 수 없다. 그 사람에게 힘든 기억이면 힘든 것이다.

그러려니, 누군가는 나를 참아주고 있다

예전의 나는 상대방의 상황을 전혀 이해하려고 하지 않았다. 항상 '왜 저래? 이상한 사람 아냐? 특이하네' 하며 성급하게 판단했다. 그리고 상대방의 오르락내리락 하는 감정에 같이 휩쓸리며 영향을 받았다. 하지만 트라우마에 대한 경험을 듣고 말하면서 나는 스스로 누군가를 판단하는 성급함을 내려놓게 되었다.

'큰 눈이 부러운데 왜 싫다고 하는 거야. 배부른 소리 하네.'

'트림이 어떻다고 깔끔한 척하네.'

'복어 몸에 좋은데 왜 못 먹어.'

이런 말들은 사실 별것 아니다. 하지만 안 좋은 기억을 가진 당사자에겐 기억하고 싶지 않은 상황을 다시금 떠올려 힘들게 할 수도 있다는 걸 알게 되었다. 내가 간장게장에도 화가 올라오

듯 당신에게도 그런 상황이 있을 것이다. 남편의 음주로 인한 폭력을 경험했다면 술을 보기만 해도 싫을 것이다. 아빠가 담배를 피우다 돌아가셨다면 담배 피우는 남자를 만나고 싶지 않을 것이다.

상대방의 이야기를 구구절절 들을 수 있다면 참 좋으련만. 내가 내 감정 하나 바라보는 것도 이렇게 큰 노력이 필요한데, 상대방의 마음을 알고 싶다는 것과 이해하고 싶다는 것 자체가 욕심이고 무리라는 것을 알게 되었다. 그저 무슨 이유가 있겠거니, 그러려니 하는 생각으로 마음을 내려놓으니 나는 더이상 상대방이 하는 행동에 불편하지 않았다.

나의 과거를 생각해보았다. 나도 분명 누군가에게 실수를 했을 것이다. 실수로 트림 같은 좋지 않은 기억을 주었을지 모르고 내가 화장실이 급할 때 운전을 험하게 했을 수도 있다. 이런 생각을 하다 보니 상대방과 나는 다르지 않다는 걸 알게 되었다. 내가 누군가의 행동에 의해서 속상하고 이해가 안 될 때 그러려니…. 나를 위해 그러려니 해보았다. 살다 보면 나도 내 마음이 이해 안 갈 때가 참 많았다. '내 마음이 왜 그러지, 상대방은 왜 저러지'가 아닌 '그러려니' 하고 이해하는 것은 결국엔 나를 편안하게 해주는 방법이었다.

"무슨 이유가 있겠거니…."

"그럴 만한 이유가 있겠거니…."

"그러려니…."

간디는 미움이 아닌 사랑으로 미움도 멈출 수 있다고 했다. 나에 대한 사랑으로 나를 이해하면 남을 이해하는 마음도 생긴다. 이해는 곧 사랑의 시작이 될 수 있다. 지금 내게 올라오는 감정을 무작정 밀어내려고 하지 말고 기꺼이 받아들이고 이해해주자. 이해가 되면 사랑이 된다. 그것은 곧 남을 사랑할 수 있는 힘이기도 하다.

189

마음과 몸의 접점을 찾는다

움직이기

1 | 일단 일어서본다

2 | 움직일 때의 마음을 관찰한다

3 | 몸과 마음 사이에 우선순위가 없음을 확인한다

사업이 망하고 10억 빚을 떠안은 여자가 있다. 죽을 생각만 하면서 2년 동안 집에서 지냈다. 그녀는 점점 살이 찌고 정신도 피폐해졌다. 그때, 그녀가 마음을 다잡기 위해서 했던 행동이 바로 걷기였다. 생수 한 통을 들고 나가서 파리 시내를 무작정 걸어 다녔다. 그녀는 걷기로 인해 몸 근육이 살아나고 마음에는 무엇이든 해보자는 긍정적인 정신이 살아났다고 한다. 이 여성은 현재 2021년 기준 영국 자산 순위 345위를 기록한 한국인 사업가 켈리 최 회장님이다. 자산은 대략 7천 억이 넘는다고 한다.

켈리 최 회장님은 인생의 큰 실패와 좌절에서 걷기로 활력을 찾았다. 나 또한 문득 가슴이 답답해지고 생각이 많아질 땐 무작정 움직이는 습관을 들였다. 그럴 때마다 기분이 한결 나아지고 긍정적인 에너지가 차오르는 걸 느꼈기 때문이다.

2020년 겨울이었다. 영하의 날씨와 코로나 바이러스가 몸과 마음 모두 얼어붙게 한 날이었다. 나는 워낙 활동적이고 외향적인 성격이라 단 하루라도 집에 있는 걸 견디지 못했다. 하지만 코로나가 찾아오고 강제로 일을 쉬게 되고 집에서 지내야만 했다. 나는 무척 답답함을 느꼈다. 나도 코로나에 걸리지 않을까 하는 두려움이 일어나기도 했지만 나를 위해서가 아니라 다른 사람을 위해서라도 집에서 지내야 했다.

2주간 집에 있는 동안에 보고 싶던 영화며 예능 프로를 다 봤다. 자극적인 배달 음식에 지쳐가고 있었다. 가슴에 돌덩이가 앉은 듯했다. 매일 거실과 방만 왔다 갔다 하니 운동량이 부족했고 마음은 어두워져 갔다. 이대로는 안 되겠다 싶어 패딩을 입고 무작정 밖으로 나갔다. 동네를 달렸다. 아무 생각 없이 달렸다. 심장이 빠르게 뛰었고 머리에는 송글송글 땀이 났다. 영하의 날씨에 등이 뜨거워졌다. 단 5분을 달렸는데도 숨이 헉헉 차올라 잠시 달리기를 멈추었다. 갑자기 내가 살아있다는 게 느껴지고 희열과 개운함을 느꼈다.

습관과 다른 길로 움직여본다

전문용어로는 '러너스하이'라고 한다. 달리기 애호가들이 달리는 도중에 느끼는 도취감이었다. 모든 운동을 할 때 이 행복 감을 느낄 수 있다. 운동을 하면 엔도르핀의 분출을 촉진시키기 때문이다. 이 기분이 하도 좋아서 전문 서적을 찾아보니 새로운 사실을 알게 되었다. 운동할 때 느껴지는 엔도르핀보다 엔도카 나비노이드라고 불리우는 뇌 화학물질이 우리의 기분을 고양시 켜준다는 것이었다.

이것은 마치 대마초의 효과와 비슷한 화학물질로 몸의 통증 도 가라앉혀 준다. 더 주목할 만한 건 조깅이나 가벼운 러닝을 한 경우에 이 호르몬의 수치가 3배나 증가한다는 것이다. 숨을 쉴 수 없을 정도의 고강도인 달리기가 아니어도 저강도로 운동할 때 러너스하이 같은 행복함을 잘 느낄 수 있다는 것이다. 맵고 자 극적인 음식을 먹거나 근육이 터질 때까지 운동을 해야 이 기분 을 다시 느낄 수 있다고 생각했는데, 걷기와 같은 가벼운 운동만 으로도 충분했다.

그 후로 나는 걷기를 주로 했다. 걸으면 확실히 내 머릿속에 꽉 차 있는 잡다한 생각이 비워지고 새로운 아이디어들이 생겨 나는 것을 많이 경험했다. 일정이 있어 바삐 걸어 다닐 땐 미처 보지 못했던 하늘을 마음껏 바라보았다. 여유롭게 바라볼 수 있는 하늘에 기분이 좋아졌다. 느린 발걸음으로 우리 동네 구석구석을 구경했다. 보여지는 모든 것이 새롭고 신기했다. 무심히 지나쳤던 곳들을 여행하는 기분이 들어 매우 흥미롭고 즐거웠다.

어느 날 밤에는 무작정 가보지 않은 방향으로 걸어보았다. 지하철역이나 자차로 이동할 때 항상 큰 도로로 나갔던지라 우리 집 뒤쪽으로는 가보지 않았는데, 우리 집 뒤에는 언덕이 있었다. 약간 달동네 같은 분위기였다. 이번에는 그 언덕을 올랐다. 몇 계단 되지 않는 것 같은데 아주 가팔랐고, 그 덕분에 숨이 찼다. 그 계단을 다 오르고 숨을 헉헉대며 뒤를 돌아보았다.

북한산을 병풍처럼 늘어뜨린 서울 강북구가 한눈에 다 보였다. 감탄이 절로 나왔다. 길에 가지런히 일렬로 늘어선 가로등과 장난감처럼 보이는 건물들에서 나오는 작은 불빛들로 이루어진 서울의 밤이었다. 사진 전시에 나올 법한 멋진 풍경이 내 눈 안에 담겼다. 유명 사진작가의 작품 같았다.

넓은 자연과 큰 도시를 마주하니 내 마음에 작은 깨달음이 올라왔다. 지금까지 했던 수많은 생각들과 복잡한 감정들이 아주 작게 느껴졌다. 우주에서 바라보면 내가 얼마나 작게 보일까. 지금 내가 하는 이 고민들이 얼마나 별것 아니라고 느껴질까 생각하니 마음이 한결 편안해졌다. 집에서만 지내며 내 감정을 들여다보다가 세상 밖으로 나와 보니 내 감정은 아주 작은 것임을 알게 되었다. 나에게 걷기란 한순간에 모든 것을 싹 잊게 해주는 마법 같았다.

할 수 있는 만큼만 움직여본다

날씨의 상황이나 여러 가지 이유로 밖으로 나가지 못할 때는 집에서 요가를 했다. 가끔 내 감정을 마주하기 귀찮아질 때가 있다. 그럴 때면 나와 대화하는 것에도 게으름이 올라온다. 그때는 무언가 억지로 물으려 하지 않고 그냥 움직여준다. 그 시간이 끝나면 나도 모르게 홀가분해지는 나를 만날 수 있다.

사실 난 요가를 두려워했다. 나는 목과 허리 그리고 무릎에도 만성 통증이 있었기에 요가를 할 때마다 통증을 느꼈다. 무슨 동작만 하려고 해도 안 아픈 데가 없었다. 요가를 하다가 아프면, 저 사람은 잘 되는데 왜 나는 아프지 하고 비교하고 자책했다. 요가 선생님이 앞에서 동작을 보여주면 동작보다는 다른 데 정신이 팔렸다. 요가 선생님이 입고 있는 옷에 관심을 가지거나 오늘 저녁에 뭐 먹을까 하는 잡다한 생각들로 집중이 어려웠다. 스트레칭을 할 때는 정말 말 그대로 최악이었다. 내가 왜 이걸 돈 주고 하는지 후회가 밀려와 문을 확 열고 뛰쳐나가고 싶었다.

현재 나는 운동과 명상을 지도하고 있다. 나의 몸과 마음을 바라볼 수 있게 되었고, 내 감정을 다스리는 방법을 공부하게 되었다. 나는 경쟁하며 살았던 어린 시절 때문에 무슨 일이든 내가 이기나 네가 이기나 해보자는 마음이 컸었다. 운동 강사가 된 후, 요가도 그렇게 무리하게 했었다. 하지만 내가 할 수 있는 만큼만 하는 것이 가장 좋다는 걸 알게 된 후, 나의 마음뿐 아니라 몸의 움직임에서도 나를 이해하게 되었다.

내가 가장 두려웠던 동작은 머리서기였다. 어깨 틱 장애와 팔을 들지 못할 정도로 어깨 손상이 왔었고 팔 저림 증상이 심했던 나에게 머리서기는 도저히 도전 불가능한 영역이었다. 목이 부러질 것만 같아 겁이 났다. 하지만 내 마음처럼 내 몸도 이해하기로 했다. 무작정 밀어붙이는 게 아니라 오늘은 어떤 상태인지 대화해보자는 마음으로 머리서기를 시도해보았다.

되든 안 되든 해보는 것에 의의를 두었다. 해내야 한다는 욕심을 버리고 작은 근육을 섬세하게 느끼고 몸이 허락하는 만큼만 움직였다. 그리고 숨을 느꼈다. 해내야 한다는 집착이 사라지니 두려움이 사라졌고 오롯이 나의 움직임에 집중하게 되었다. 양팔을 밀어내고 바닥을 지지한 뒤, 내 몸의 균형을 찾아갔다. 그리고 여유 있게 기다려주면서 천천히 다리를 들어올렸다. 머리서기가 되었다. 별것 아니었다. 아주 쉬웠다.

자유는 신체와 떨어질 수 없다

요가나 걷기, 달리기 등 몸을 움직이면 생각들이 사라진다. 매순간 집중해야 하기 때문이다. 나는 움직임을 통해 자유로움을 느낀다. 내가 나에게 자유로움을 줄 수 있다. 그 자유로움 안에는 이런 말이 담겨 있었다. 지금보다 더 잘하지 않아도 괜찮다는 위로의 말, 이미 충분히 잘하고 있다는 응원의 말, 지금 있는 그대로의 나를 사랑하는 말들이다. 움직이는 동안 그 말들로 내 마음이 채워진다.

내 몸 안에는 내 삶이 담겨 있다. 감정과 기억이 고스란히 새겨져 있다. 매분 매초마다 나를 위해 돌아가는 나의 장기와 세포들이 있다. 나를 위해 살아가는 내 몸을 위해 오늘도 마음을 비워내고 움직여준다. 혹시라도 마음을 열고 바라보는 게 힘들다면, 몸을 움직이는 게 훨씬 좋은 방법이 될 것이다. 어떠한 운동이라도 좋다. 자신에게 끌리는 운동을 규칙적으로 한다면 편안함을 경험할 것이다. 그리고 그 편안함이 쌓여 건강함으로 당신에게 돌아갈 것이다.

감사는 고도의 마음 운동이다

감사하기

1 | 내게 남은 것을 생각한다
2 | 잘살고 싶은 마음을 감지한다
3 | 그 마음에 감사한다

날이 추워지면 어김없이 어깨가 뭉친다. 아침에 일어날 때마다 담이 걸린 듯 팔을 움직이기 힘들다. 목이 바위처럼 무겁다. 이 증상 때문에 겨울마다 도수치료를 받으러 병원에 가지만 소용이 없어 운동을 시작하기로 했다. 처음 해보는 필라테스가 무척 어렵다. 힘들다. 하지만 예전보다 몸이 나아지고 있는 게 느껴진다. 다행이다.

은아님은 몸에 긴장이 심했다. 어깨에 긴장이 어찌나 심한지 누워서 다리를 들어 올릴 때 승모근으로 다리를 들어 올릴 정도였다. 운동을 할 때마다 힘든 동작을 할 때면 포기해버리곤 했다. 내가 옆에서 다리를 받쳐주고 충분히 잘하고 있다고 말해주어도 자신은 안 된다고, 못하겠다는 말을 자주 했다. 은아님의 몸은 왜 이토록 긴장해 있고 마음에는 부정적인 생각이 가득할까.

어렸을 적 반지하 단칸방에서 살았던 삼남매 중 막내 은아님은 그 누구보다 잘살고 싶었다. 가난했던 그때, 식구가 많아 먹을 것이 귀했고 일하느라 자식들 챙기기 힘들었던 엄마의 사랑에 항상 목말랐다고 한다. 성인이 된 은아님은 넉넉하게 자라지 못한 탓에 내 집 마련을 하고 싶다는 생각이 간절했다. 스무살부터 공장에 들어가 일을 하고 동시에 세 개의 아르바이트를 한 결과 은아님은 30대 후반에 서울에 있는 아파트를 마련할 수 있었다. 하지만 어린 시절부터 부족하게 자란 탓에 더 크고 더 많은 것을 원했나.

"그토록 원하던 아파트를 가졌는데 기분이 어때요?"라고 물으니 은아님은 이렇게 말했다.

"브랜드 아파트를 샀어야 했어요. 지금 아파트는 가격이 안 올라서 별로예요."

은아님은 자신이 가진 것에 만족하지 않았다. 돈에 대한 욕심은 끊임없이 일어났다. 무슨 생각을 하든 무조건 돈으로 연결시켰다. 이건 얼마짜리이고 저건 어떻게 해야 가질 수 있는 것인지 생각했다. 그러다 보니 항상 자신보다 많이 가진 사람들과 비교를 했고 아무리 가져도 만족하지 못했다. 욕심은 끊임없이 일어났고 한순간도 행복하지 않았다.

천만 원짜리 깨달음

몇 년 전에 사기를 당했다. 친한 지인이 자신에게 투자하면 30퍼센트의 이자를 준다고 했다. 평소 믿었던 분이라 천만 원을 덥석 빌려주었다. 1,300만 원으로 갚겠다던 그녀는 상환 날짜가 되자 조금만 기다려 달라며 자금순환이 어렵다고 말했다. 피하지 않고 전화를 계속 받으면서 나를 믿지 않느냐 하면서 신고도 못하게 했다. 사람의 마음을 가지고 노는 전형적인 사기꾼이었다. 그렇게 1년 내내 나의 마음을 애태우더니 결국엔 내 돈을 갖고 튀었다. 난 한동안 참 힘들었다.

천만 원이라는 돈을 잃은 것보다 그녀를 믿은 내가 한심했다. 말도 안 되는 이자율에 속아 큰 욕심을 낸 나의 잘못이었다. 잘못을 뉘우쳐도 마음이 공허한 만큼 통장이 공허한 것은 어쩔 수 없었다. 나에 대한 실망감은 자기 비하로 이어졌고 부정적인 감정이 걷잡을 수 없이 커졌다. 며칠 동안 가위에 눌리고 자다가 땀을 뻘뻘 흘리며 깨기도 했다. 그때 나는 앞서 내가 말한 방법을 실천했다.

내가 왜 그랬지 하는 자기 비하가 올라오면, 나와 대화를 했다. '돈을 벌고 싶다는 욕심이 있었구나. 근데 그게 잘 안 돼서 자책감이 들었구나' 하고 내 감정을 토닥여주고 공감해주었다. '그럴 수도 있지. 사정이 있겠지' 하고 그 사기꾼을 이해해주었다.

평생 얼마나 많은 사람들에게 사기를 치면서 힘들게 살아갈까 생각하니 측은지심이 일어났다. 그리고 더 큰 돈이 아니라는 게 다행으로 여겨졌다.

그래도 안 좋은 생각이 떨쳐지지 않을 때는 바깥을 산책하거나 요가를 하면서 내 몸을 움직였다. 부정적인 생각이 탁 하고 올라옴을 알아차리면, 영하의 날씨인 겨울 한밤중에도 나가서 5분 정도 빠르게 달리기를 했다. 그러면 그저 살아있고 건강하게 움직이는 몸에 감사함이 올라와서 기분이 편안해졌다.

나쁜 생각이나 감정들이 올라올 때 그것에 한없이 빠져늘지 않기 위해 노력했다. 왜 이린 감성이 올라오는지 물어봐주고 이해해주었다. 그리고 움직이면서 머리를 비웠다. 몸과 마음이 가벼워졌다.

"아 개운하다! 움직일 수 있으면 됐다. 돈은 다시 벌면 되지."

안 좋은 생각은 훌훌 털어버리고 감사하는 마음이 생겼다. 나는 그 깨끗해진 마음에 감사함을 불어넣었다. 지금 겪는 상황이 내 잘못임을 알고 좋은 경험했음에 감사하는 마음을 내었다. 앞으로는 이런 사기는 당하지 않을 소중한 경험을 했다고 긍정적인 것에 초점을 맞추었다.

현재에 감사하는 이에게는 당할 자가 없다

과거의 나는 내 삶에 부족한 것만 생각했었다. TV에 나오는 연예인들을 보면서 나는 왜 돈이 더 없을까. 키가 큰 승무원 동기들을 보면서 나는 왜 키가 더 크지 않았을까. 성격이 수더분한 친구들을 보면서 나는 왜 신경질을 잘 낼까.

"세상을 다 가진 나도 빈손으로 죽는다"고 했던 알렉산더 대왕의 말처럼 세상을 평정한 사람도 죽을 때는 홀로 가는데, 나는 너무도 많은 것을 가지려 했다. 나는 지금 이 순간에 만족하기로 마음을 움직이고 매 순간 감사하는 마음을 내었다. 진정한 기도는 '내 인생 잘되게 해주세요'가 아니라 지금 가진 것에 만족하고 살아있음에 감사함을 느끼는 것이라는 걸 깨닫게 되었다.

> "지금 이 책을 볼 수 있는 두 눈에 감사합니다.
> 앉아 있을 수 있는 공간이 있어서 감사합니다.
> 두 다리로 걸을 수 있어서 감사합니다.
> 밟을 수 있는 땅이 있어 감사합니다.
> 잘 수 있는 집이 있어 감사합니다.
> 지금 이 순간 내 삶의 모든 것에 감사합니다."

이 세상에 당연한 것은 없다는 걸 깨우치고 주위에 있는 모든 것에 감사한 마음을 가졌다. 매일 숨 쉬고 살아 있는 것이 당연한 것이 아닌데 우린 자꾸 이 사실을 잊고 살아간다. 아무리 삶이 괴로워도 살아있다는 것, 이보다 더 감사한 것이 어디에 있을까. 모든 것에 감사하면서 살다 보니, 이 세상에 태어난 것이 기적이고, 살아 있는 것 자체가 기적이라는 걸 깨달았다.

큰돈을 사기 당해도 누군가와 이별을 해도 그저 그 경험에 감사해보자. 내가 원하는 것이 아닌 지금까지 내가 이룬 것을 돌아보고, 내가 현재 가진 것에 만족하며 감사해보자. 감사하는 마음은 내 삶 자체를 기적으로 만든다.

마음 홈트 6단계

내 마음을 온 세상에 발표한다

확언하기

1 | 내가 바라는 것을 상상한다
2 | 긍정적인 표현의 한 문장으로 만든다
3 | 이미 실현된 것처럼 계속 말하고 행동한다

"오늘 운동 어땠어요?"

"지금은 괜찮은데 오늘 하루 종일 앉아 있어야 해서 다시 또 아플 것 같아요."

힘 빠지는 소리다. 나와 운동을 한 후, 지아님은 다시 또 아플 것 같다는 말을 했다. 재활운동으로 몸이 이미 좋아졌는데, 걱정으로 마무리 짓다니. 그야말로 힘 빠지는 순간이다. 지아님은 스무 살부터 목 디스크와 허리 디스크로 고생했다. 팔과 다리 저림 증상을 호소하던 지아님은 나와 운동을 한 뒤, 건강을 되찾았다.

하지만 며칠 전, 길에서 미끄러져 넘어지면서 허리를 삐끗했다. 그때 이후 예전에 겪었던 허리 디스크 증상처럼 다리가 저

린다고 했다. 아무래도 과거의 아팠던 기억이 다시 되살아난 듯
했다. 몸은 한번 아프면 몸에 있는 막을 통해 그 기억이 저장된
다. 그래서 실제로 아프지 않아도 나를 힘들게 했던 무언가를 보
면 나도 모르게 그 통증이 다시 살아난다. 외상으로 인해 저림 증
상이 다시 나타나니 지아님은 또 예전처럼 아플까 봐 걱정했다.
나와 운동치료로 충분히 좋아졌는데도 지금의 편안함보다는 조
금 후에 아플 것을 미리 걱정했다.

내 마음의 알고리즘을 어떻게 채울 것인가

평소에 목과 어깨가 불편한 사람이라면 승모근을 세 번 외
쳐보자.

"승모근 승모근 승모근!"

세 번 외치면 평소 안 좋았던 목과 어깨 쪽이 저리거나 불편
한 반응이 올 것이다.

자, 이번엔 상큼한 레몬을 상상하면서 세 번 외쳐보자.

"레몬 레몬 레몬!"

마치 입 안에 신 맛이 돈 듯 침이 고일 것이다.

이처럼 우리의 뇌와 몸은 연결되어 있다. 내가 의식을 어디
로 가져가느냐에 따라 내 몸이 반응한다. 그러니 좋은 생각만으
로도 충분히 좋은 기분을 가질 수 있다. 내가 지금 당장 좋은 하

루를 만들고 싶다면 그렇게 할 수 있다. 하지만 그 전에 먼저 부정적인 것을 생각하는 나의 오래된 습관을 바꿔야 한다.

인간은 하루에 오만가지 생각을 하는 동물이다. 내가 원하는 무엇인가에 집중하지 않으면 쉽게 내가 원하지 않는 다른 것에 집중을 빼앗긴다. 기본적으로 인간의 정신구조는 10퍼센트의 의식과 90퍼센트의 무의식으로 이루어져 있다. 만약 나의 무의식에 박혀 있는 오래된 습관들에 따라 움직인다면 내 삶은 내가 원하지 않는 방향으로 흘러갈 것이다.

자기 전에 유튜브를 본 사람이라면 알 것이다. 자극적인 알고리즘에 이끌려 시간이 후딱 지나간다. 그러기에 우리는 우리의 정신을 붙잡아야 한다. 내가 원하는 대로 내 삶을 움직이게 하기 위해서 내 습관을 스스로 고쳐 나가야 한다. 이것이 나의 잠재의식을 관리하는 것이고 내 삶의 주인이 되는 방법이다.

말과 글에는 신비로운 힘이 있다

내 습관을 고치는 가장 쉬운 방법으로 나는 확언을 추천하고 싶다. 지아님의 경우처럼 우리 주변에는 부정적인 말이나 행동들이 무의식에서 올라오는 경우가 굉장히 많다. 물론 그 사람이 의식하지 못한 채로 말이다. 습관이다. 불안하지도 않은 상황에 나도 모르게 다리를 떤다거나, 손톱을 뜯는 것처럼 좋지 않은 습관이다. '안 돼, 못 해'와 같은 말도 똑같은 경우이다. 이러한 무의식에 이끌리지 않으려면 좋은 습관을 들여야 한다. 그것을 말로 하는 것이 확언이다.

확언은 내 무의식에 잠재되어있는 오래된 부정적인 신념을 내려놓고 뇌가 스스로 긍정적인 것들을 받아들일 수 있게 하는 과정이다. 앞에서 여러 가지 방법들로 나의 감정을 바라보고 나아졌다면 이제 감사하는 마음으로 내 몸과 마음에 긍정의 씨앗이 심어야 한다. 내 삶이 원하는 방향으로 만들어지기를 기도하는 마음으로 문장을 만드는 것이다.

돈을 사기당한 나의 경험을 예로 들어보자. 이 상황에서 확언이라 함은 '나에게 사기 친 여자가 불행하게 해주세요' 또는 '내 돈이 돌아오게 해주세요'가 아니다. 그저 내 잘못임을 알고 좋은 경험했음에 감사하는 마음을 내야 한다. 앞으로는 이런 사기는 당하지 않을 소중한 경험을 했다고 긍정적인 것에 초점을 맞춘다. 그리고 내가 되고자 하는 나의 모습을 글로 쓴다. 여기에서 가장 중요한 팁은 확언을 할 때에는 부정적인 말은 절대 쓰지 않는 것이다.

예) 나는 사기를 당하지 않을 것입니다.(×)

→ 나는 좋은 경험을 했음에 감사합니다 → 나의 마음은 편안합니다. (○)

나는 확언을 글로 적고 말로 해보는 연습을 했다. 내가 원하는 것을 글로 쓰면서 내가 눈으로 보았다. 그리고 따라서 말로 한다. 말로 뱉으면 누가 처음으로 들을까? 바로 말하는 내가 가장 먼저 듣게 된다. 이때 효과가 좋은 방법은 거울로 자신의 얼굴을 바라보고 말하는 것이다. 내 목소리로 나에게 말해줄 때, 확언의 힘은 가장 강력해진다.

나는 지금까지 그 누구도 아닌 내가 스스로 치유하는 방법을 알려주었다. 누군가의 위로나 공감도 좋지만, 그것은 그때뿐이다. 나만이 나를 치유할 수 있다. 내가 나를 믿어줄 때 가장 큰 치유가 일어나고 강력한 효과가 나온다.

내가 원하는 확언을 포스트잇에 써서 자주 가는 공간에 붙여놓는다. 거울이 있는 곳에 붙여놓아야 나의 눈을 바라보고 말할 수 있다. 아침과 저녁에 로션 바르는 화장대 거울을 추천한다. 그 외에 냉장고나 화장실 변기에 앉으면 보이는 곳, 사무실 책상 등등이 있지만 가장 좋은 건 화장대 거울이다. 이때 내 눈높이에 맞는 곳에 붙여놓는 것이 좋다. 눈높이에 맞게 붙여두면 의도치 않아도 자주 보게 된다.

아무도 못 듣는 것 같아도 세상은 귀를 기울인다

매일 저녁마다 자신이 쓴 확언을 세 번씩 외쳐보자. 아주 놀라운 경험을 할 것이다. 가슴이 뭉클하고 눈물이 날 수도 있다. 치유의 과정에서 내가 다시 태어나는 느낌을 경험할 것이다. 말로 한다. 말은 생각을 바꾼다. 생각은 행동이 된다. 행동은 습관이 된다. 습관은 성격이 된다. 성격은 내 삶이 된다. 나는 확언을 통해 내가 현재 가진 것에 만족하는 법을 배웠다.

어느 날, 확언이 적힌 종이를 보면서 거울에 있는 내가 나에게 말했다. 나의 오른손으로 나의 엉덩이를 토닥토닥 해주었다.

"잘하고 있어. 괜찮아. 충분해. 내일 더 잘할 거야."

나는 어린아이가 된 것 같았고, 엉덩이를 토닥이는 그 손에서 엄마의 따뜻함이 느껴졌다. 내가 무슨 행동을 해도 나를 믿어주고 지켜줄 사람의 손길이었다. 나를 응원해주는 이 사람을 실망시키지 않기 위해서라도 더 열심히 나를 믿어야겠다는 다짐이 일어섰다. 나를 치유하는 힘과 나아질 거라는 믿음은 확언으로 더욱 강력해졌다.

마음으로 디자인하면 현실에서 구현된다

시각화하기

1 | 내 꿈은 무엇일까?
2 | 그 꿈을 이룬 나를 시각화한다
3 | 지금 당장 해야 할 것은 무엇일까?
4 | 매일 꿈을 꾸고 매일 실천한다

시각화에 관해 말을 하면, 부(富)에 관한 말들을 많이 한다. 나는 시각화를 할 때, 부자가 되는 것보다 나를 위한 꿈을 가지라는 말을 하고 싶다. 큰 꿈이 아니라 내가 원하는 꿈이면 충분하다. 남들처럼 건물을 사는 것 또는 로또에 당첨되는 것도 물론 좋다. 하지만 꿈은 내가 지금 실천할 수 있는 것이어야만 한다. 막연하게 누군가를 동경하면서 헛된 목표를 꿈꾸다 보면 게으름이 올라오고 좌절감이 올라오게 되기 때문이다.

예를 들어, 아침에 개운하게 일어나는 것처럼 사소한 것부터 시작해보면 좋다. 개운하게 일어나려면 간밤에 잠을 푹 자야

할 것이고 푹 자려면 운동을 하든지 카페인 음식을 자제하는 등
생활 습관부터 고쳐나가는 작은 습관들이 이어져 하나의 꿈을
이루게 한다.

시각화를 할 땐 나에게 맞게 목표를 설정하는 것이 중요하
다. 지금 내가 글을 쓰는 일처럼 작가가 되고 싶다면 당장 한 문
장이라도 써야 한다. 한 글자도 쓰지 않으면서 작가 되기라고 시
각화하는 것은 말도 안 된다. 인기 있는 백만 유튜버가 되겠다면
당장 콘텐츠를 연구하고 촬영부터 해야 할 것이다. 막연하게 꿈
을 꾸는 것이 아니라 내가 실천할 수 있는 행동 안에서 시각화를
해야 한다.

꿈의 시나리오는 구체적일수록 좋다

내가 만난 회원님 중에는 주식 공부로 부자가 되고 싶은 사
람이 있었다. 세무사로 이미 잘 나가고 있던 혜솜님이었다. 그토
록 바라던 상속 전문 세무사가 된 혜솜님은 아이도 셋을 낳고 남
편과의 사이도 매우 좋았다. 하지만 본인이 너무 열심히 살려는
것이 가끔은 지친다고 했다. 더 많은 걸 바라고 있는 자신의 삶에
과부하가 올라온 것이다. 새벽 4시에 일어나서 운동을 하고 직무
에 관련된 공부도 매일 하고 있다. 최근에는 주식 공부를 하면서
조금씩 수익을 내고 있다고 했다. 하지만 뭔지 모를 불안함과 심

란한 마음에 나를 찾아와 상담을 했다.

　나는 앞서 알려준 방법들을 통해 혜솜님 삶을 바라보는 연습을 함께 해주었다. 그리고 지금 혜솜님의 삶에서 감사한 것들을 알려주고 꾸준히 명상할 수 있도록 도와주었다. 그러던 어느 날, 나에게 연락이 왔다. 지방 출장에 왔다가 장거리 운전을 하며 집으로 돌아가는 길이라고 했다. 운전하면서 산과 나무들 그리고 하늘을 바라보는데 그것들이 너무 예뻐서 눈물이 난다고 했다. 자연을 볼 수 있는 것에 대한 감사함 그리고 내가 참 행복한 삶을 살고 있다는 사실에 눈물이 마구 흐른다고 내게 말했다.

　나는 혜솜님의 마음에 감사함이 차오르는 걸 알고 난 뒤, 시각화하는 방법을 알려주었다. 혜솜님이 이루고 싶은 것 한 가지를 매일 매일 상상하라고 말했다. 상상할 땐 아주 구체적으로 해야 한다. 만약 내가 건물주가 되는 것이 꿈이라면, 어떠한 건물을 가질 것인지 정확하게 상상해야 한다. 어느 동네, 몇 층짜리, 무슨 색깔, 한 달에 임대료는 얼마인지 실제 지금 내 앞에 있는 것처럼 해야 한다. 그리고 시각화할 땐 한 장면을 상상한다.

익숙한 상상은 현실이 된다

　건물을 계약하러 갔을 때라면, 그 부동산의 사장님은 어떻게 생겼는지, 계약서에는 어떤 내용이 있는지, 나는 누구와 함께

갔는지, 내 손에 잡은 펜의 느낌은 어떠한지, 부동산에서는 어떤 냄새가 나는지 등등 아주 구체적으로 한 장면을 시각화한다. 그리고 내가 이미 이룬 그 장면의 내 기분을 느껴보아야 한다. 감정이 어떠할까? 행복할 것이다. 가슴이 벅차오를 것이다. 심장이 빠르게 뛸 수도 있고 행복한 기분에 말랑거리는 심장을 느낄 수도 있다. 그 기분을 만끽하면서 매일 시각화해야 한다. 정확하게, 그리고 구체적으로 매일 매일.

혜솜님은 주식에 관해 시각화를 했다. 주식 초보자들끼리 하는 주식 대회가 있었는데, 그중에서 50퍼센트 등수 안에리도 들어보자는 확언을 하고 시각화를 했다. 혜솜님은 매일 확언을 했다. 확언을 하는 동안 그 모습이 그려진다고 했다. 그것도 아주 생생하게. 그리고 그것을 모두 다 이룬 본인이 느껴져 황홀감과 경이로운 감정에 도취된다고 했다.

그리고 몇 달 후, 결과는 매우 놀라웠다. 상위 등수를 기록하며 혜솜님이 상상한 것보다 더 큰 것을 이루어냈다. 혜솜님의 경우처럼 자신의 감정을 느낄 수 있고, 이해할 수 있고 그것을 확언할 수 있을 때가 지나면 비로소 시각화를 시작할 수 있다. 감사하는 마음으로 자신의 삶을 충분히 만들어갈 수 있을 때, 시각화를 해야 이룰 수 있다. 무턱대고 시작하면 마음에 있는 부정적인 습관들이 방해할 것이기 때문이다. 네가 과연 되겠어? 하고 의심이 일어나는 경우를 수없이 봤다.

시각화는 내가 꿈꾸는 것을 이루게 해준다. 그 원리는 바로 무의식에서 내 잠재능력을 발현시켜 주기 때문이다. 이미 모든 걸 이루었다는 생각을 하면, 내가 지금 꿈을 위해 가는 과정을 즐기게 된다. 매일이 감사하고 찬란하게 빛난다. 기분 좋은 작은 순간들이 모이면 무슨 일이든 할 수 있는 자신감이 생긴다. 그리고 내가 알던 나보다 훨씬 더 많은 것을 할 수 있다는 걸 발견하게 된다. 이처럼 매 순간 즐겁고 행복한 마음을 갖는다면, 원하는 것이 이루어지는 건 당연한 이치이다.

내가 만든 세계로 걸어 들어가는 설렘

나의 현재 모습에 감사할 때, 마음이 풍요로워진다. 마음이 부자인 사람에게 꿈이 끌려온다. 그 꿈이 무엇이든 가질 수 있을 것이다. 당신을 믿고 당신의 모든 것에 감사하자. 그리고 시각화로 그 꿈을 실현시켜 보자. 당신이 시각화할 때 꿈을 실현시키는 결과까지 갈 수 있도록 도와주는 두 문장을 말해주고 싶다.

첫 번째, "자신의 꿈을 절대로 포기 않는 사람만이 인생의 승자가 될 수 있다"고 넬슨 만델라가 말했다. 포기하지 않고 끝까지 가는 힘만 있으면 된다. 이왕이면 시각화를 통해 즐겁게 가보자. 매일 이미 꿈을 이룬 나를 상상하며 꿈을 이룬 사람처럼 살아보자. 포기가 아닌 해낼 수 있는 용기가 생길 것이다.

두 번째, 꿈을 꾸다 보면 그 과정에서 고통을 만나기 마련이다. 난 그럴 때마다 "네가 만나는 고통의 무게는 바로 네가 이루게 될 꿈의 무게일 것이다"라고 했던 차인홍 교수님의 말씀을 가슴에 새긴다. 고통이 큰 만큼 꿈은 더욱 크게 이루어질 것이다. 이 말을 떠올리면 포기하는 마음은 설레는 마음으로 바뀐다. 그리고 그 고통을 즐길 수 있는 힘을 준다. 오늘도 나는 내가 꿈을 이룬 한 장면을 떠올리며 살아간다. 매일 매일 설렘이 가득하다.

나에게 보내는 사랑, 그 마음의 힘

어느 날, 요가 수련이 끝난 뒤 나는 사바아사나(Shava-asana)의 상태로 누워있었다. 사바아사나란 땀을 개운하게 흘린 뒤, 매트에 누워 잠시 눈을 감고 쉬는 것으로, 일명 송장 상태라고도 한다. 요가 강사님은 싱잉볼을 연주하기 시작했고, 나는 싱잉볼의 파동에 따라 깊은 꿈을 꾸게 되었다. 꿈 속에서 나는 엄마의 뱃속에 있었다. 아빠와 엄마의 웃음소리가 들렸다. 내가 생긴 것을 기뻐하는 웃음이었다. 두 사람은 서로를 바라보며 더없이 행복해했다.

나는 의아했다. 들은 이야기가 있었기 때문이다. 내가 태어나기 전 아들을 가졌었는데 안타깝게 하늘나라로 갔으며, 내가 남자아이가 아니라서 아빠가 나를 좋아하지 않았고, 그래서 내가 자라는 동안 아빠는 내게 별로 애정을 쏟지 않았다는 등의 이야기였다. 줄곧 나는 별로 사랑받지 못한 존재였다는 생각이 나의 무의식에 강하게 남아있었다. 그런데 싱잉볼 연주로 인해 내가 생각해온 것과 전혀 다른 장면이 보였다. 진실일까. 아니면 헛된 꿈일까.

그게 꿈이라 할지라도 내겐 중요하지 않았다. 부모님의 순수한 미소와 행복한 표정을 보는 순간 마치 그런 순간이 실제로 있었던 것처럼 느껴졌다. 나의 존재 자체가 그 어떠한 재산보다 큰 축복으로 다가왔다. 빛이 쏟아지는 가운데, 나를 비추는 빛이 자연의 빛인지 인공의 빛인지는 중요하지 않았다. 그저 따뜻했다. 어쩌면 그때 느낀 온기는 언젠가 내가 받았던 사랑일 수 있겠구나 싶었다. 커오는 동안 느낀 서운함과 이런 저런 오해들이 쌓여 언젠가부터 나 자신에게 상처를 주고 나를 삐뚤어지게 만들었다는 강한 확신이 생겼다. 그날 이후, 나는 종종 꿈속과도 같은 따뜻한 기분으로 돌아가 나 자신이 존재한다는 사실 자체에 무한한 행복감을 느끼게 되었다. 한번 문을 열고 안으로 들어가 보면 몇 번이고 다시 들어갈 수 있게 되는 것처럼, 나는 몇 년이 지난 지금도 그때가 생생하게 기억이 나면서 충만함과 풍요로움을 느끼곤 한다. 그날의 기억은 그 무엇과도 바꿀 수 없는 소중한 것이 되었다.

사람은 생각하는 대로 살아진다. 나의 탄생이 축복이었을 그 시간을 떠올리면 그것만으로도 충분히 내가 소중하고 귀한 존재임을 알게 된다. 살아가면서 수많은 사람들과 부딪히며 경험을 한다. 사실일지 아닐지 모르는 소리를 듣고, 아름답거나 불편한 것들을 보고, 기분을 좋게 하거나 나쁘게 하는 냄새를 맡으면서 살아간다. 그 모든 것들이 경험이며 곧 알아차림으로 이끄는 과정이다. 내가 싱잉볼 소리에 의해 무의식과 만난 뒤 내가 들은 것만을 사실이라 믿고 부정적인 의식을 스스로 키워왔다는 사실을 어느 순간 알아차린 것처럼 말이다.

그 후로 나는 타인이 보는 나에 집착하지 않으려 노력한다. 과거에 나는 가질수록 더 많은 것을 원했고 물질에 이끌려가는 삶을 살았다. 그것 역시 경험의 한 부분이 되었다. 그런 삶이 있었기에 지금은 놓아버릴 수 있는 자유를 누릴 수 있게 되었다. 그리고 그러한 경험을 통해 보이는 것에 집착하는 것이 아닌 느끼는 것에 집중하고 있다. 느끼는 것이란 무엇일까. 바로 보이지는 않지만 가슴으로 와닿는 것이다.

한 회원님이 나와 명상 수업을 하고 난 후, 이런 말을 한 적이 있다.

"내가 두 시간이나 앉아있었어요? 신기하네요."

오랜 허리 통증으로 5분도 가만히 앉아있지 못하던 회원님이 두 시간을 꼬박 똑같은 자세로 앉아 있었다. 그는 몸이 이렇게 편할 수가 없었다고 했다. 나는 그의 마음을 온전히 들어주고 괜찮다는 믿음을 보여준 것뿐이었다. 이렇듯 마음이 편안해지면 불가능할 것만 같았던 것들이 내가 모르는 사이에 가능해진다. 누군가의 마음을 편안하게 해준다는 건, 내 앞에 앉아 있는 이 사람이 지금 그대로 온전하다고 믿어주는 것이다. 그렇게 하기 위해서는 내 마음이 진실되어야 한다. 보이는 것에 의해서가 아닌 마음이 풍요로운 사람이 되는 것이다. 그것은 내가 이미 가지고 있는 것에 감사하는 마음으로부터 시작된다. 내가 이미 가지고 있는 것은 뭘까? 내 몸 그리고 마음뿐이다. 반면에 집, 차, 옷과 같은 물질적인 것들은 언제든지 사라질 수 있다. 그리고 그것이 없어진다 해도 내가 사라지지는 않는다.

몸 또한 언젠가는 사라지겠지만 현재 내가 가장 감사함을 느낄 수 있는 것은 언제 어디에서나 보고 만질 수 있는 몸이 될 것이다. 그리고 내 경험과 기억으로 이루어진 마음이다. 내 삶이 고스란히 담긴 내 몸과 마음. 나를 이 세상에 살아있게 해주는 가장 중요한 것이 아닐 수 없다. 그래서 나는 지금의 내 몸과 마음에 감사한다. 그리고 살아있는 것에 풍요로움을 느낀다. 이것 하나면 충분히 감사함과 설렘을 느낄 수 있다.

요즘 나는 설렘이 가득한 무척 바쁜 일상을 보내고 있다. 하루에 수업을 쉬지 않고 10타임을 하기도 하고, 하루 종일 엉덩이에 종기가 나도록 앉아서 무아지경으로 글을 쓰기도 한다. 또한 매일 해부학을 공부하고 명상 수행에 정진한다. 줌이라는 실시간 회의 어플을 통해 새벽까지 강의를 듣고 과제를 하며 주말에는 워크샵을 듣는다. 가끔은 하는 것이 많아 피로해질 때가 있다. 그럴 때 나는 지친다는 표현이 아닌 수고했다는 표현을 해준다. "다시 오늘을 살아도 더 잘 할 수 없을 정도로 수고했어." 그러면 금세 내 몸과 마음은 피로가 아닌 설렘으로 바뀐다. 나를 이 세상에 살게 해주는 하나뿐인 귀한 몸을 마음과 생각을 통해 만들어가고 있다.

이 모든 것을 바로 마음 홈트를 통해 이루게 되었다. 몸과 마음이 깊이 연결되어 있다는 자각이 기본이었다. 몸이 아플 때 마음은 가라앉았고, 수많은 감정에 휘둘릴 때에 몸은 어딘가 고장나기 시작했다. 나에게 운동을 배우러 온 사람들도, 명상을 하러 온 사람들도 그 모두의 공통점은 몸도 마음도 함께 아프다는 것이다. 다만 아직 나타나지 않았을 뿐이거나 둘 다 아프다는 것을 모르고 있을 뿐이다. 요즘 현대인들은 몸과 마음의 통증을 너무도 당연하게 여긴다. 안타까운 것은 몸이 아프면 약을 먹지만 마음이 아프면 숨긴다는 것이다.

과거의 나는 습관처럼 외롭다고 말했고 몸이 예민한 탓에 아프면 바로 병원으로 달려갔다. 그 덕분에 마음에 관한 공부를 남들보다 조금 더 일찍 만날 수 있었던 것 같다. 괴로움을 적극적으로 표현했기 때문이다. 몸에만 홈트가 중요한 것이 아니다. 이제는 시시각각 달라지며 요동치는 나의 마음에도 홈트를 해보기를 바란다. 마음이 편안해진다면 몸은 저절로 건강을 되찾을 수 있다.

하지만 늘 깨어있으려 노력하는 나도 평온에서 멀어질 때가 있다. 가끔 과거의 내 모습이 툭 튀어 나올 때가 그렇다. 여전히 나는 재미있는 것을 볼 때 웃음소리가 과하게 크다. 처지가 좋지 않은 사람들이나 가여운 동물들을 보면 1초 만에 눈물이 왈칵 쏟아진다. 존경하는 선생님에게 칭찬을 받고 싶어 하는 어린 아이 같은 나를 만나기도 한다.

이럴 때 나는 '내가 아직도 과거에 머물러 있네, 변하지 않았네' 하며 마음이 우울해지지 않는다. 마음 홈트를 하면서 꾸준히 나의 마음을 편안하게 해주고 있지만, 타고난 나를 바꾸려는 것은 욕심인 것 같다. 이럴 땐 있는 그대로의 나를 인정해주고 안아주는 연습을 한다. 내가 마음 홈트 첫 번째에 말한 것처럼 조급함을 내려놓아야 한다는 걸 알기 때문이다. 어느 정도는 있는 그대로의 나를 사랑해줄 때 그때서야 진정으로 평온해지는 게 아닐까.

감정은 평생 오르락내리락할 것이고, 나와 생각이 다른 누군가는 나를 곱지 않은 시선으로 볼 것이고, 내가 원하는 일이 되지 않을 수도 있다. 그때마다 괴로워할 것인지 행복과 평온을 선택할 것인지 내가 결정할 수 있다. 있는 그대로의 나를 만나고 그때 그때 올라오는 감정들을 다스리면 나는 비로소 깨닫게 된다, '나 지금 이대로 괜찮구나. 나 지금 이대로 충분하구나.' 이렇게 나를 스스로 껴안아주면 매일 평온한 설렘으로 살아갈 수 있다.

내가 평온해지니, 사람들에게 가장 많이 받는 질문은 바로 이것이다.

"선생님도 고민이 있으세요?"

물론 나도 있다. 마음 홈트, 이렇게 좋은 걸 어떻게 알려주고 나눠줘야 할지가 고민이다. 이 고민을 하면서 오늘도 나는 바쁘게 일상을 보낸다. 기계치인 내가 유튜브와 여러 SNS 활동을 하고 있다. 조금씩 내가 할 수 있는 만큼 실천하고 있다. 진심을 다해서 사람과 사람 사이에 편안함이 통할 수 있기를 바라며 한 걸음씩 걸어간다면 언젠가는 조금 더 많은 사람들에게 내 마음이 닿지 않을까. 나와 독자 여러분이 평온하게 마음 홈트를 해나갈 수 있기를! 이미 당신 안에 있는 평온함을 만날 수 있기를 기원한다.

토닥토닥 그동안 힘들었던 모든 마음에 위로와 사랑을 보내고 싶다.

나야, 괜찮니?

나야, 많이 힘들었지?

나야, 잘하고 있어.

나야, 수고했어!

나야, 고마워.

나야, 사랑해.

　　내가 나를 온전하다고 믿고 스스로를 사랑할 때, 남도 사랑할 수 있고 평온한 삶을 살 수 있다. 바로 오늘이 당신에게 그런 날이 되기를.

마음 홈트로 내 몸이 편해졌습니다

초판 1쇄 인쇄 2021년 10월 29일
초판 1쇄 발행 2021년 11월 5일

지은이 안미라
펴낸이 신경렬

편집장 유승현
책임편집 김정주
편집 최혜빈, 최장욱
마케팅 장현기 **홍보** 박수진
디자인 MALLYBOOK
경영기획 김정숙 김태희
제작 유수경

펴낸곳 ㈜더난콘텐츠그룹
출판등록 2011년 6월 2일 제2011-000158호
주소 04043 서울시 마포구 양화로 12길 16, 7층(서교동, 더난빌딩)
전화 (02)325-2525 | **팩스** (02)325-9007
이메일 book@thenanbiz.com | **홈페이지** www.thenanbiz.com

ISBN 978-89-8405-706-7 03190